II. RECUEIL DE
NOUVELLEs CONTREDANCES
mises en Chorégraphie,
d'une maniere si aisée que
toutes personnes peuvent
facilem.t les aprendre sans
le secours d'aucun maitre,
et même sans avoir eu au
cune connoissance de la
Chorégraphie.
PAR LE S.r DEZAIS
M.tre et Compositeur de Dance.
Prix 3.# 12 f.

A PARIS.
Chez l'Auteur Rue de Bussi
Faubourg S.t Germain à la Cour
Impériale pres la rue des Mauvais Garçons.
Avec Privilége du Roy. 1712.

Published by
The Noverre Press
Southwold House
Isington Road
Binsted
Hampshire
GU34 4PH

© 2010 The Noverre Press

ISBN 978-1-906830-07-6

A CIP catalogue record for this book is available from
the British Library

LES Contredances sont certains
couplets de dance qui peuvent être
toujours repetez, et qui sont executés
par tel nombre de personnes qu'il
s'en trouvē dans une assemblee.

CETTE sorte de dance a été inventee
par les Anglois, et c'est d'eux qu'elle
a passé chez toutes les autres natiōs
de l'Europe, de sorte q. diverses persōnes
versees dans la dance en ont com
posé de nouvelles et ont travaillé
sur le même goût.

MADAME la Dauhine, Victoire de Baviere
en a amené l'usage en France, et l'inclina
tion particuliere que cet Auguste Prin
cesse parut avoir pour cette sorte d'a
musement, en a fait naître une espece
de mode.

DEPUIS ce temps la, les Contredances
ont été un divertissement fort bien
receu dans les assemblees, et elles
ont paru d'autant plus agreables dans
les compagnies que par ce moyen on re
unis ensemble un grand nombre de
danseurs, et que l'on peut en même tems
satisfaire plusieurs personnes qui ont
de l'amour pour la dance.

IL NE manquoit à cet agreable amuse
ment, qui fait aujourdhui l'honeur des

societez, que de le representer aux yeux, et de le faire connetre à la posterité. Feu M.ʳ Feüillet entreprit en 1706. de reduire les Contredances sous les regles de sa Choregraphie. Il a donné jusqu'à trente deux de ces dances, tant de celles qui avoient paru en Angleterre que de celles qui avoient été composées par diverses personnes capables et habiles en cet art, en y ajoutant quelques unes qui étoient de sa façon.

A mon égard j'ai rassemblé dans ce Recüeil tout ce que j'ai trouvé de meilleur parmi les Contredances Angloises, j'y ay joint celles de Messieurs Voisin et Charpentier Maîtres a dancer de Versailles, et pour rendre cet ouvrage complet j'ay composé la Triomphante, la Victoire, la Gentilly, et la Cribelée.

Celles que j'ai eues de M.ʳ Voisin sont la Follette et l'Alliance.

Celles de mons.ʳ Charpentier sont la Badine, la Morechal et la Charpentier.

Les autres me sont venues d'Angleterre, en ont été composées par des personnes dont le nom m'est inconnu. s'ils jugent a propos de les reclamer et se faire connoitre pour Auteurs de ces piéces; Ie les prie d'être per-

persuadé de la Iustice que je serai
toujours prés a leur rendre.

I'Aurois rappellé ici les reigles de
la Chorégraphie, mais comme elles
se trouvent expliquées a fonds dans
le Recüeil des Contredances de M.
Feüillet. Ie suis persuadé que ceux
qui souhaiteront de s'instruire sur
cette matiere voudront bien y avoir
recours. Ils y trouveront une ample
explication de ce qui regarde les di
verses figures de la dance. les diffe
rentes situations des piés, des main
et des bras, et généralement parlant
toutes les sortes de pas qui sont en
usage dans les Contredances.

la Folette

Pag. 5.

Fig. 1.er

A

2   la Folette

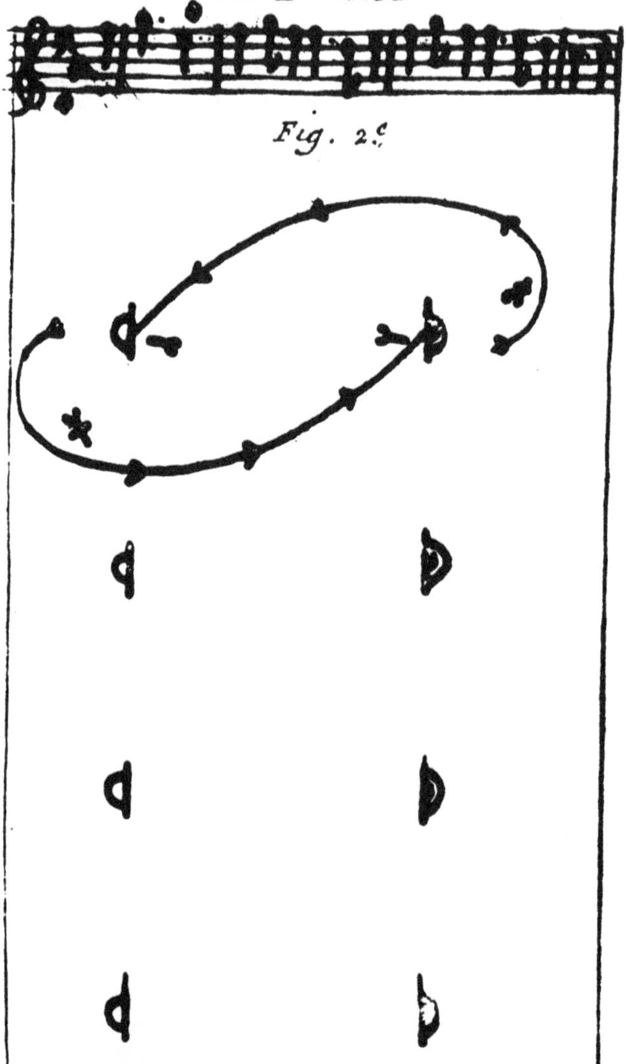

Fig. 2.ᵉ

la Folette

Fig. 3ᵉ

4 la Folette

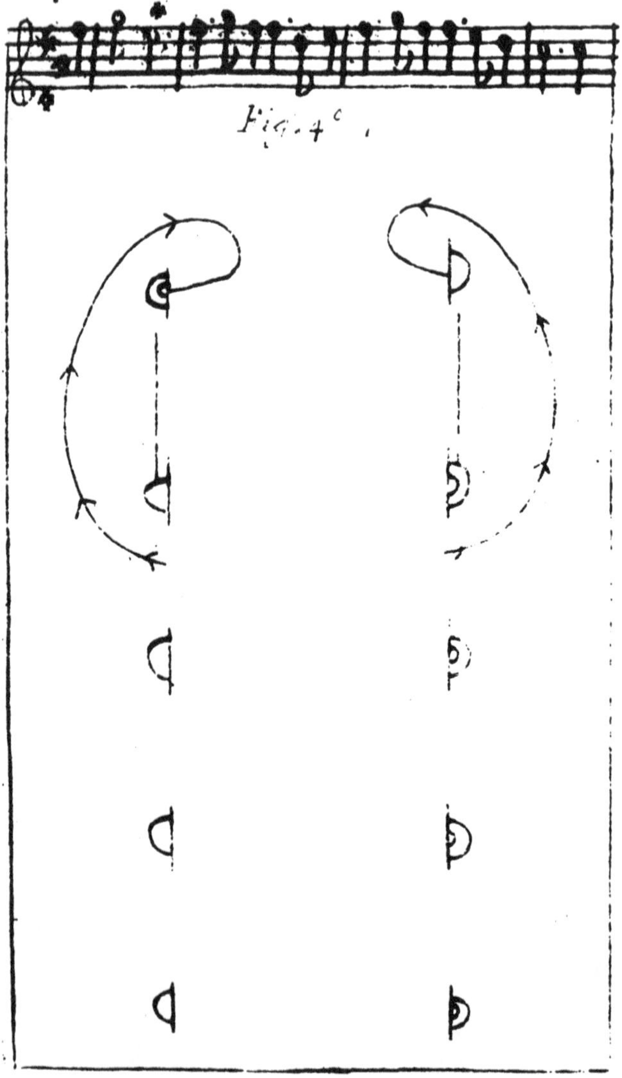

Fig. 4.

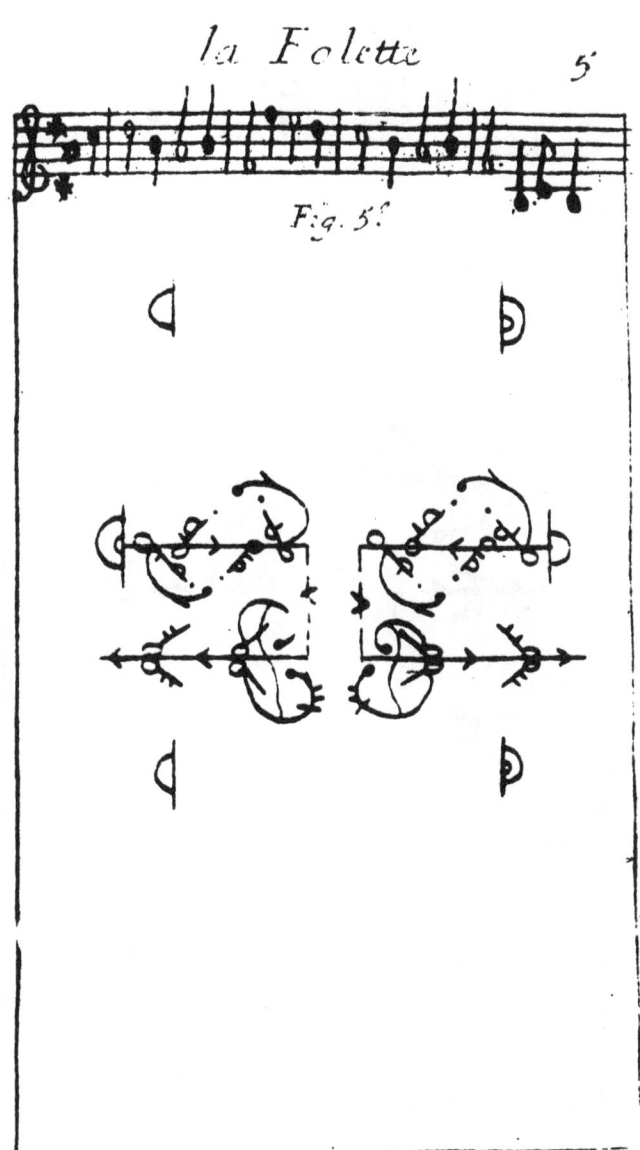

Fig. 5.

la Folette

Fig. 6ᵉ

la Folette 7

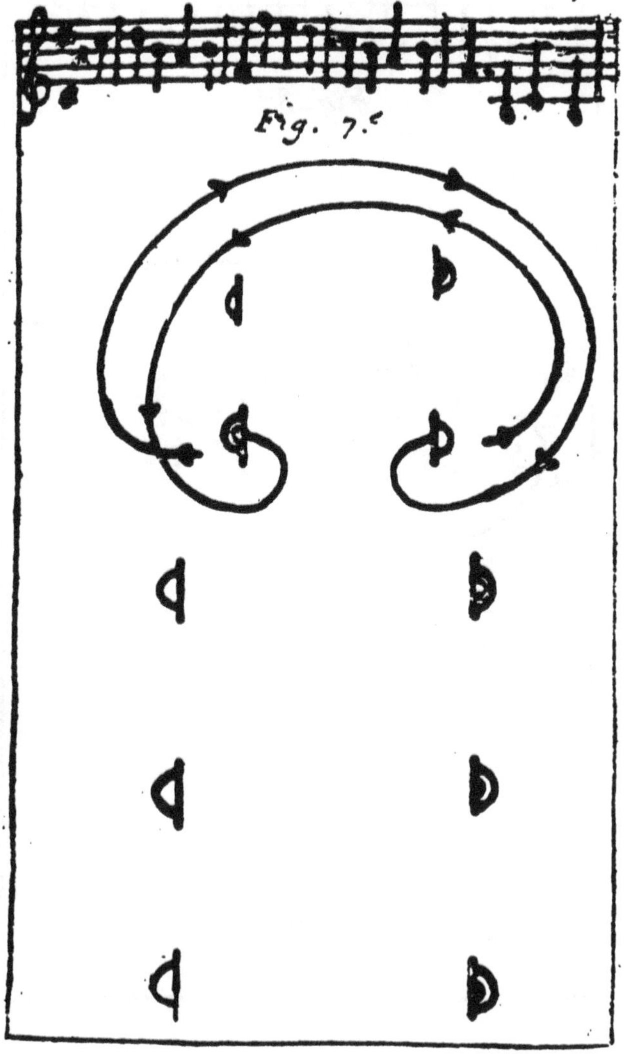

Fig. 7.

8 la Folette

Fig. 8.ͤ

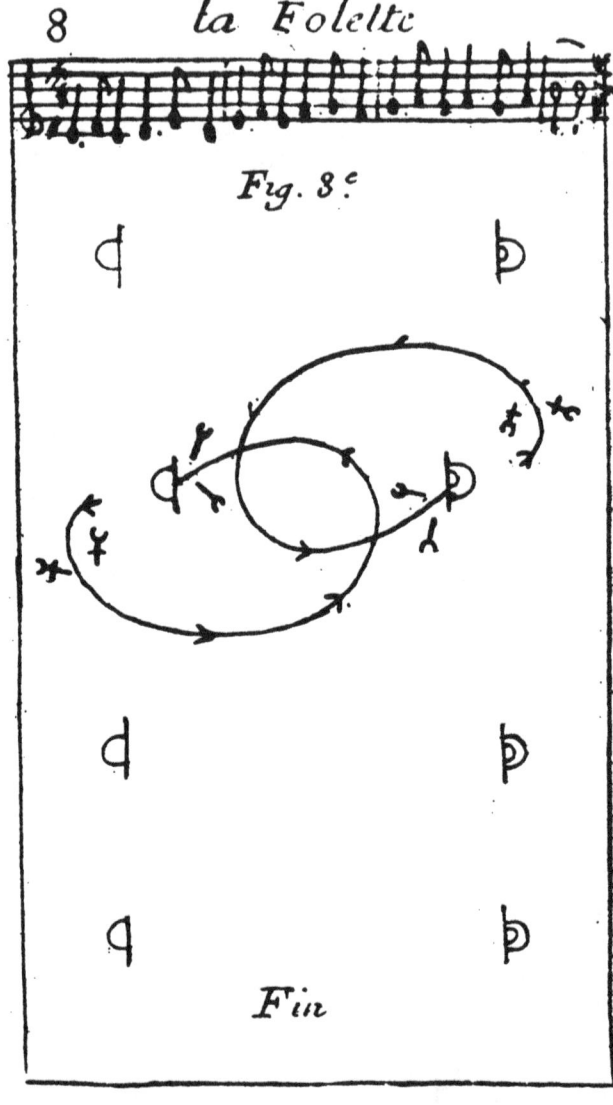

Fin

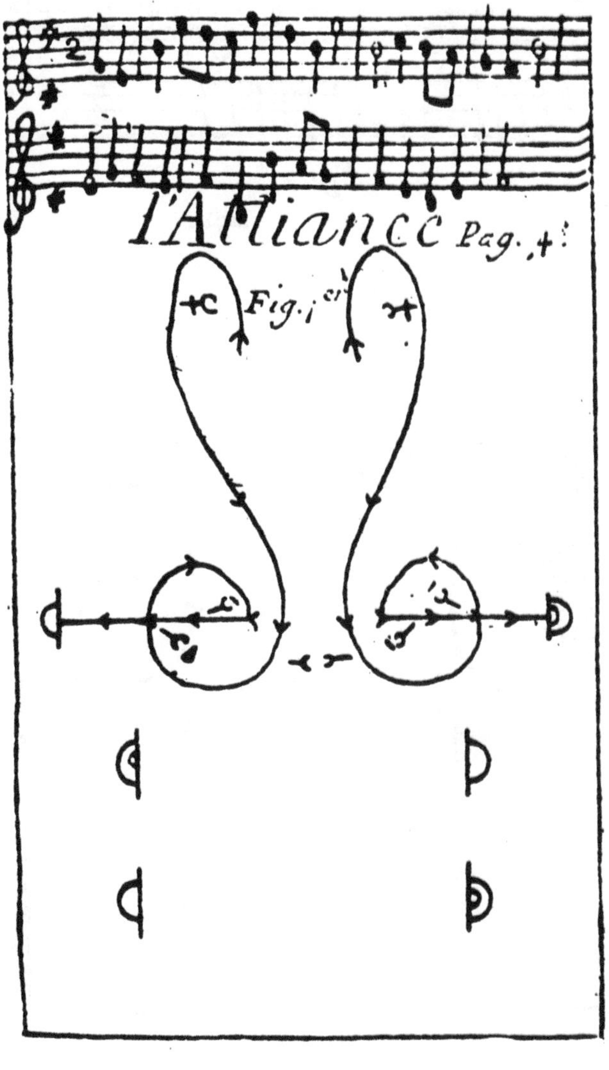

l'Alliance Pag. 4.

Fig. 1.er

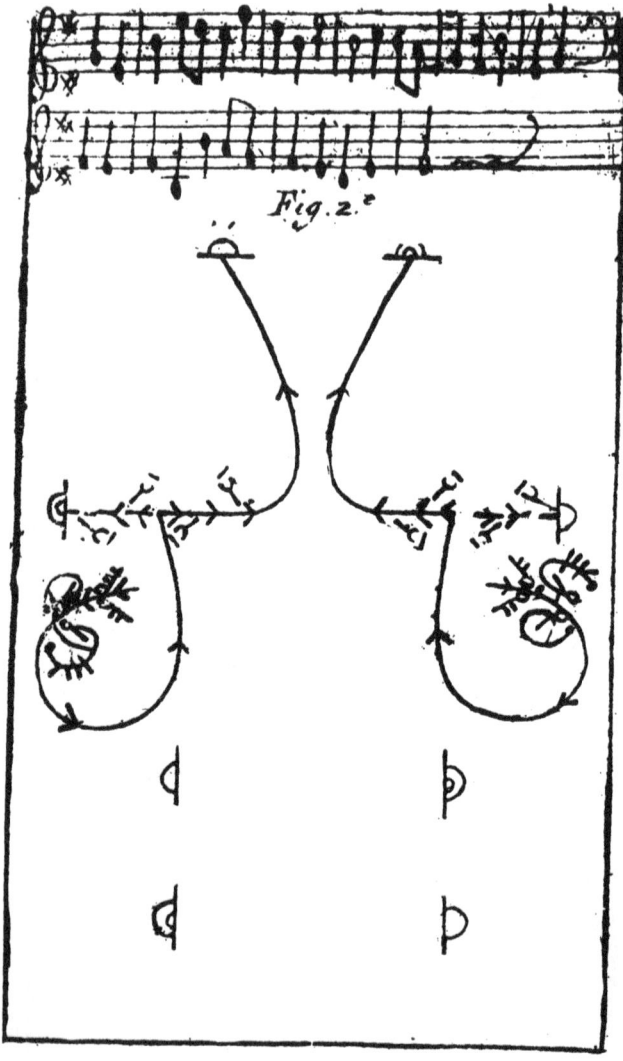

l'Alliance

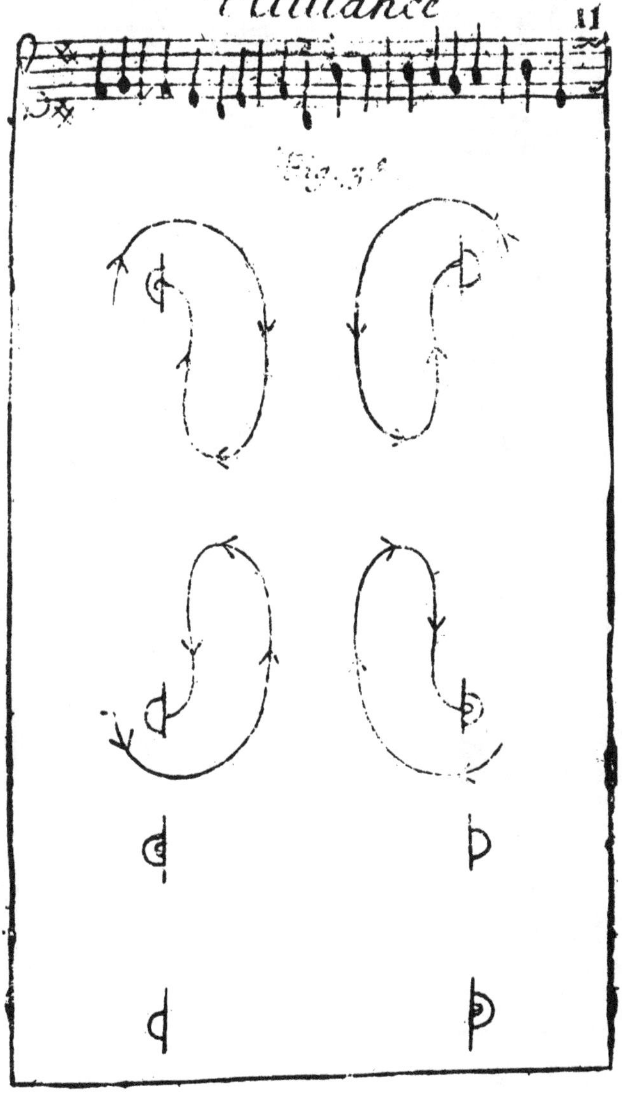

Fig. 3.

12   l'Alliance

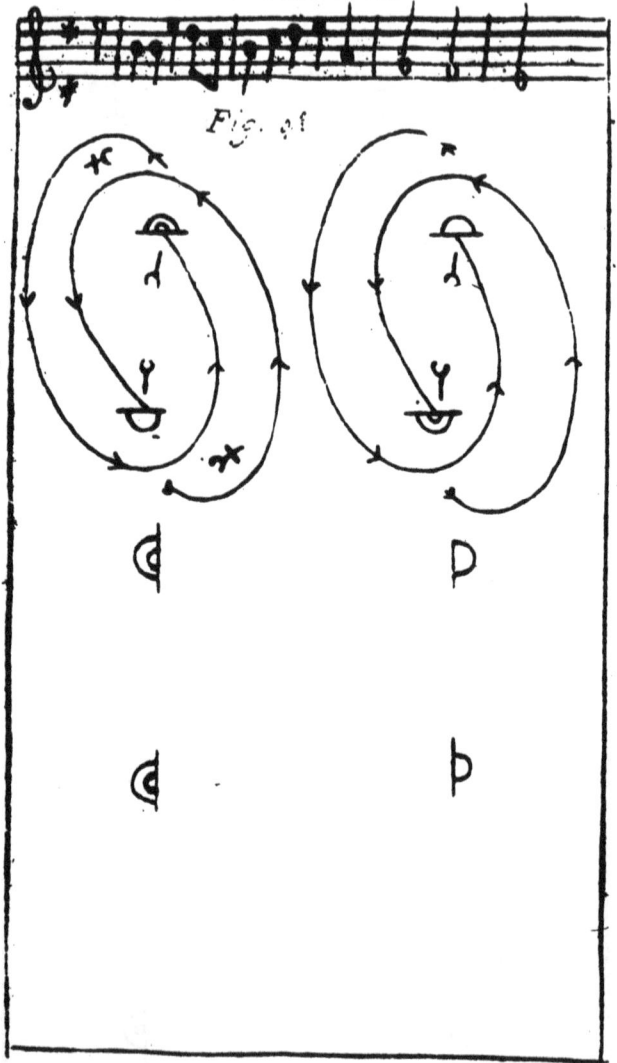

Fig. 91

l'Alliance 13

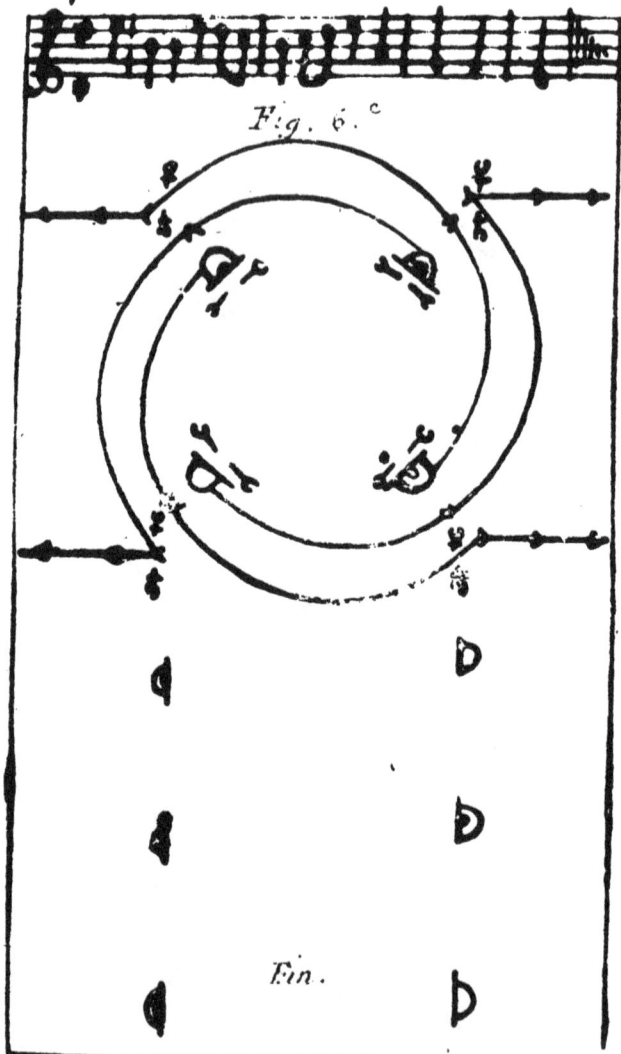

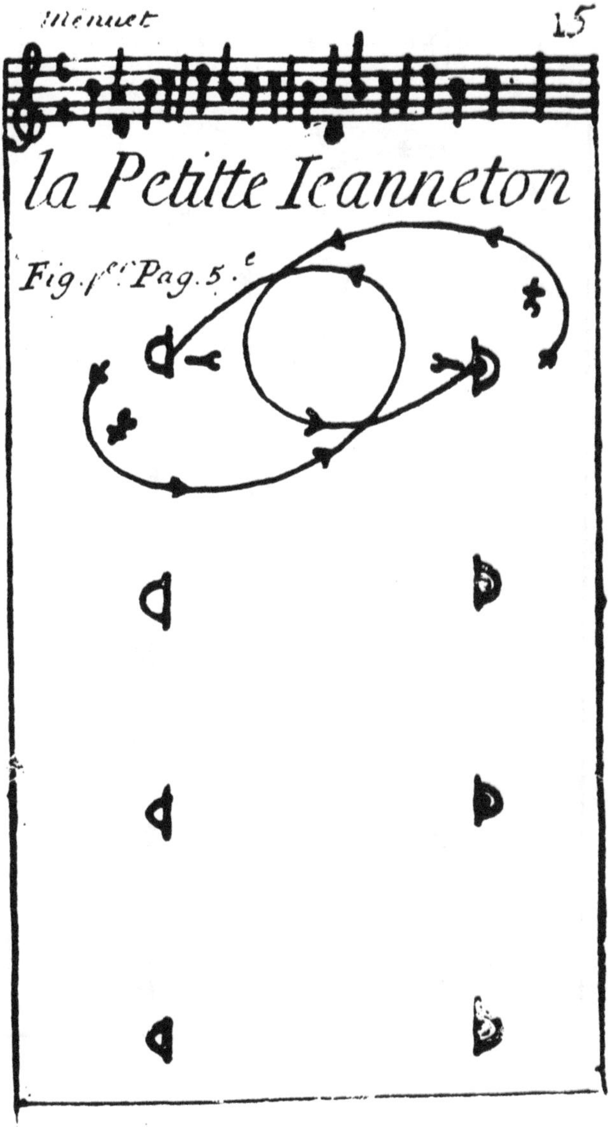

menuet　　　　　　　　　　　15

la Petitte Ieanneton

Fig. 1.re Pag. 5.^e

16 la Petite Jeanneton

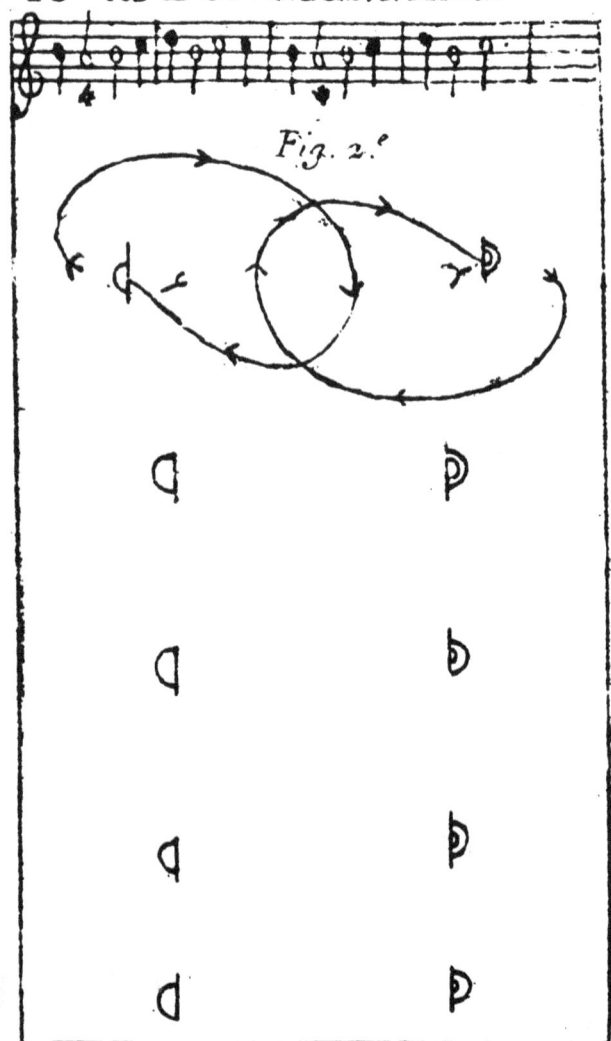

Fig. 2.

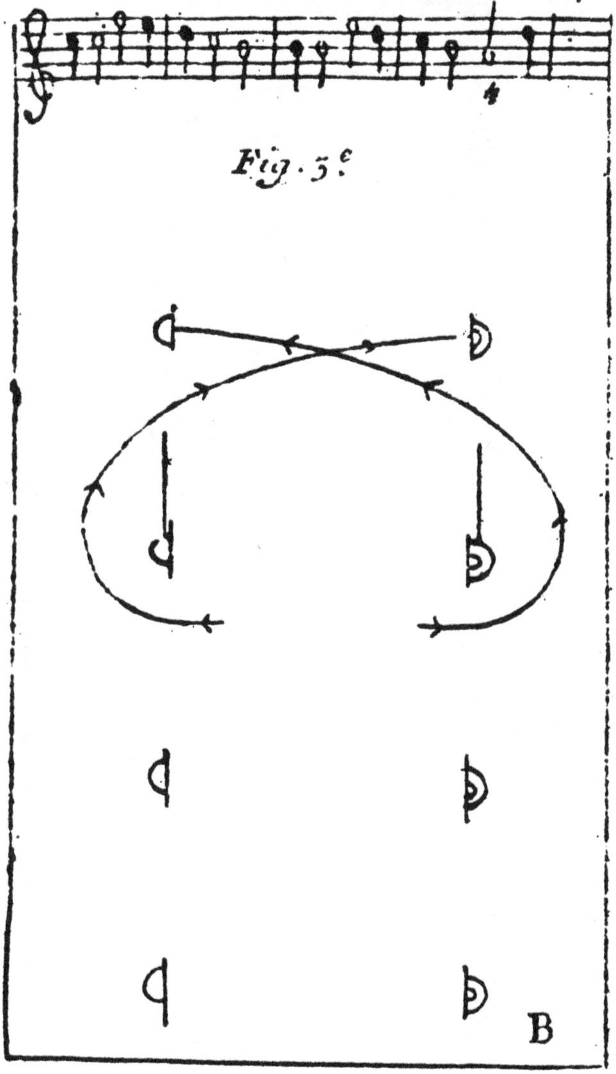

la Petite Jeanneton

Fig. 3.

B

18 la Petite Jeanneton

Fig. 4.

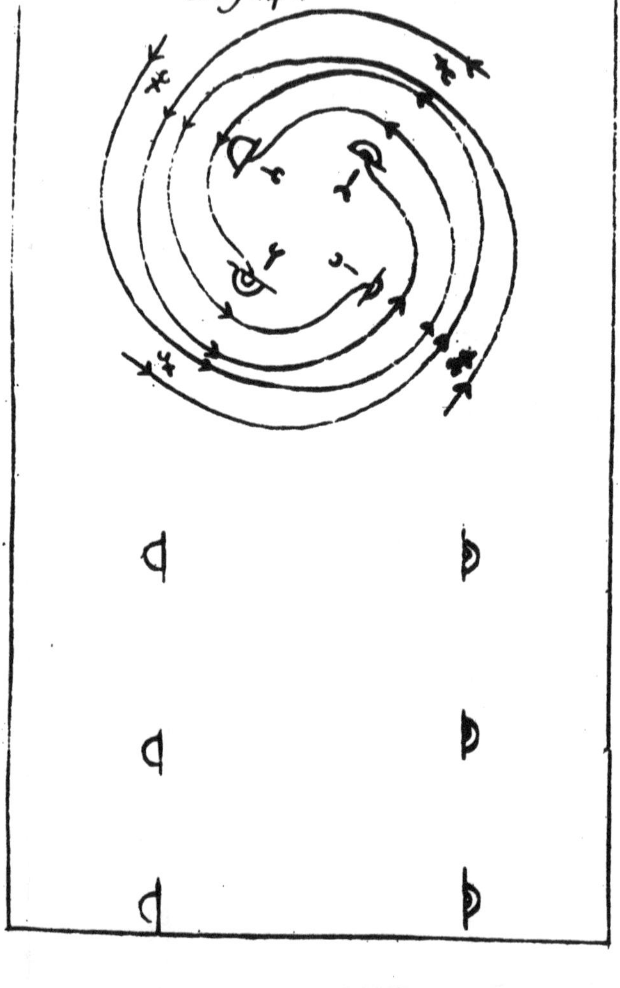

la Petitte Ieanneton

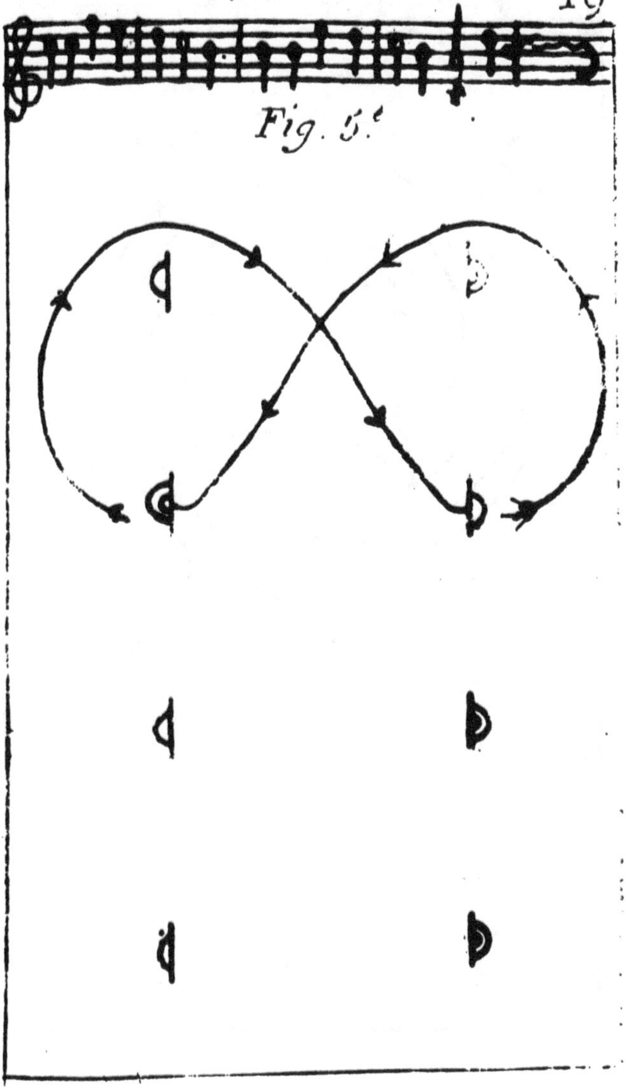

Fig. 5.

la Petite Ieanneton

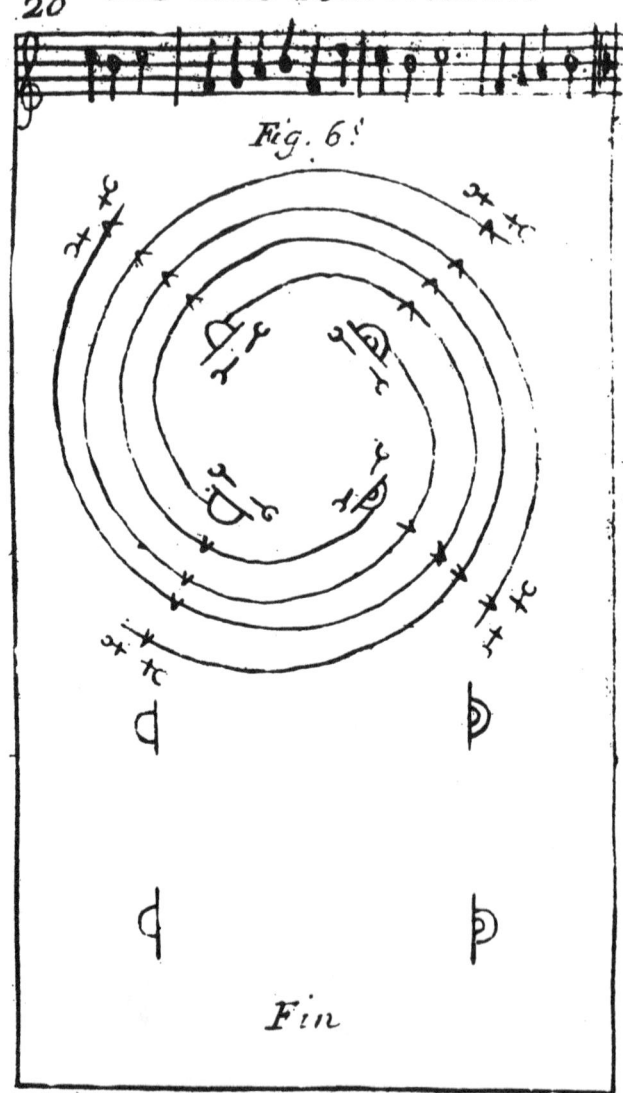

Fig. 6.

Fin

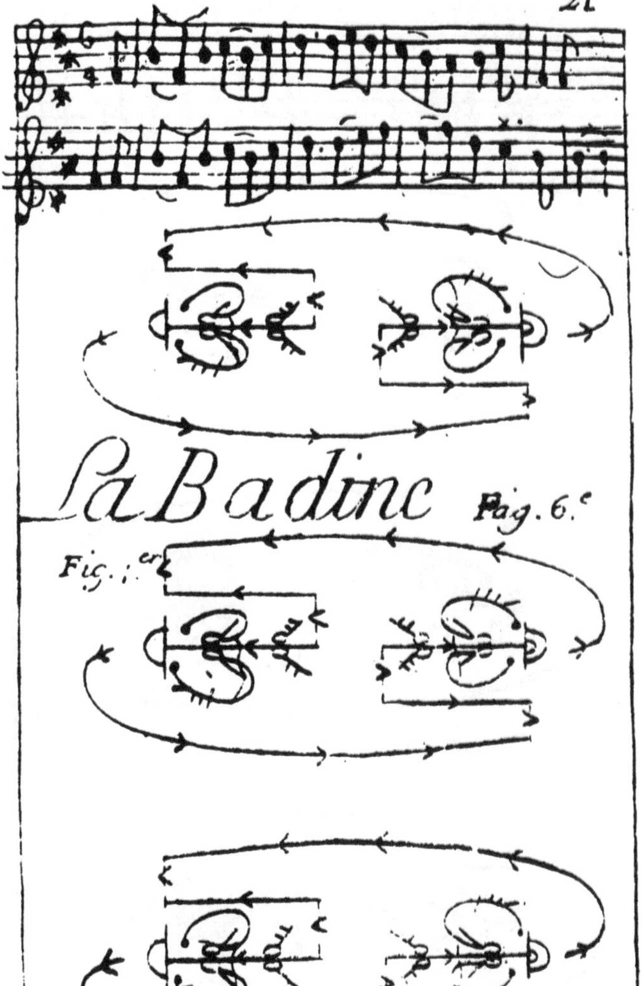

La Badine

Fig. 1.er Fag. 6.e

22 la Badine

Fig. 2ᵉ

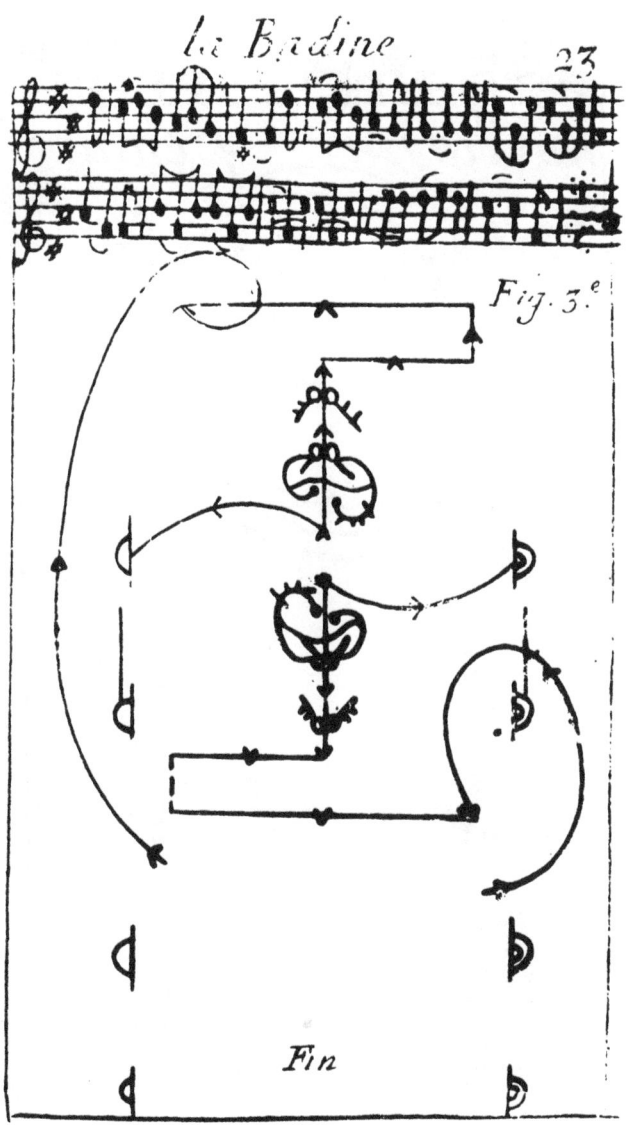

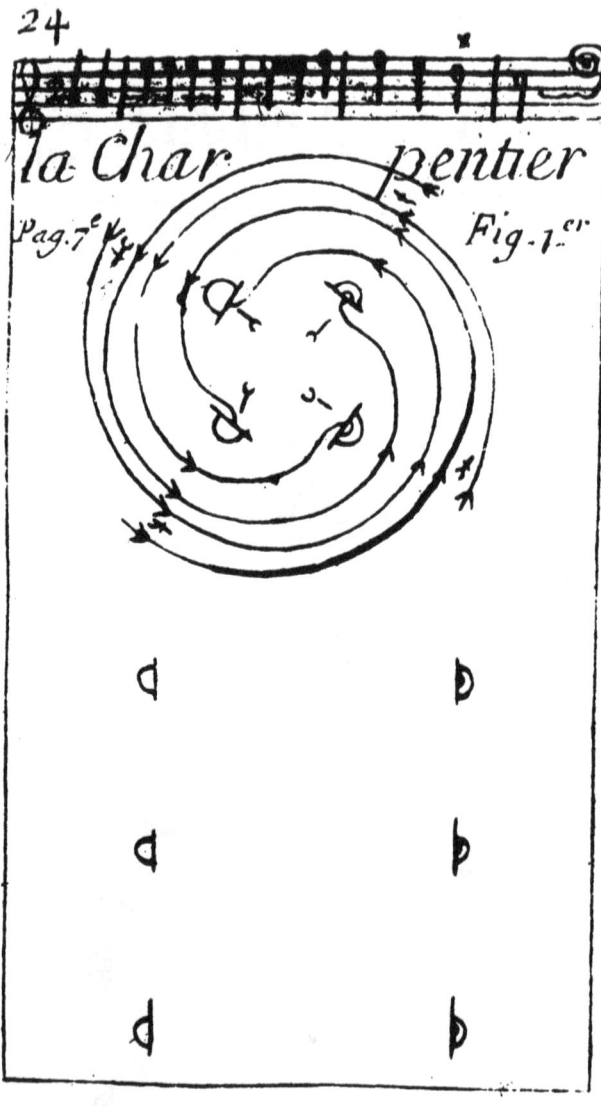

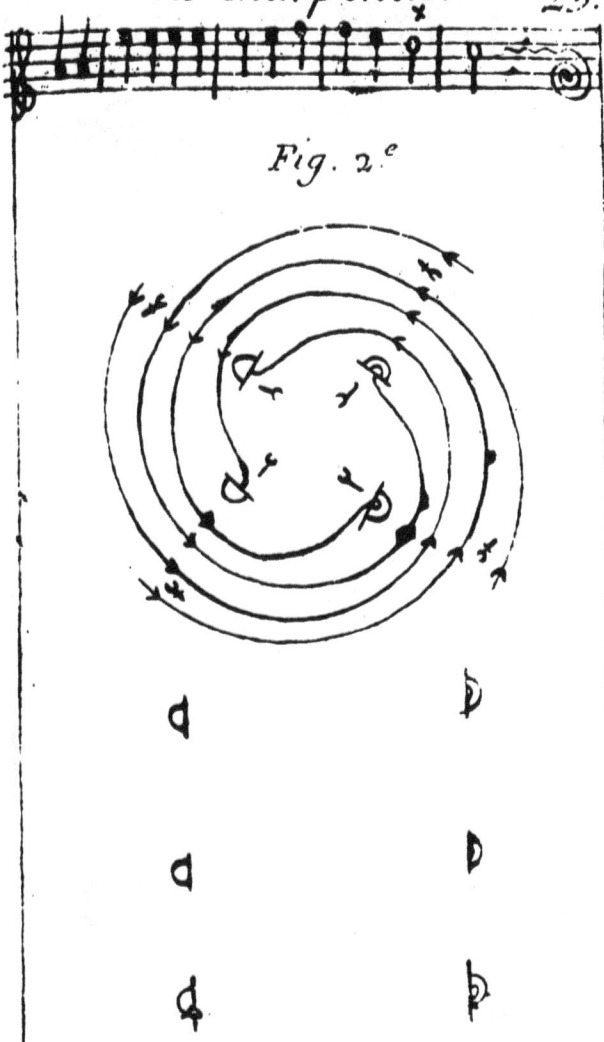

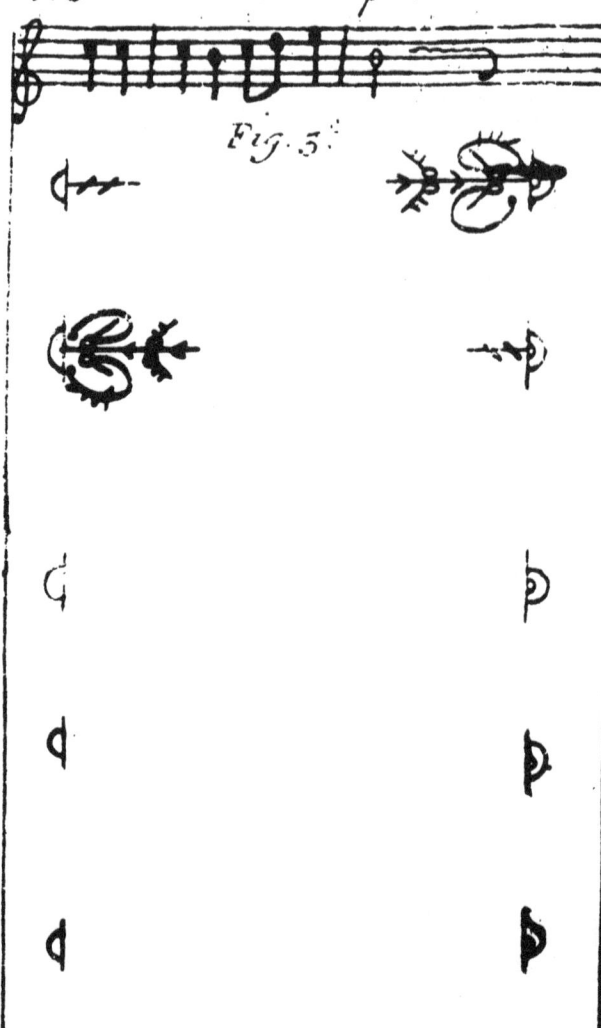

Fig. 5.

la Charpentier 27

Fig. 4ᵉ

28 la Charpentier

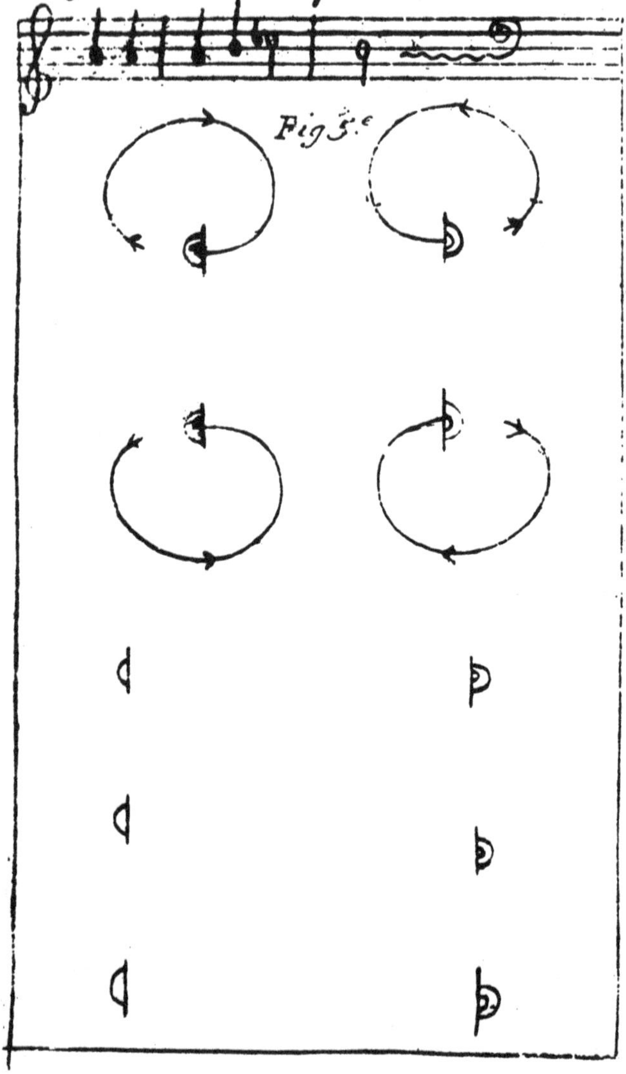

Fig 5.

la Charpentier

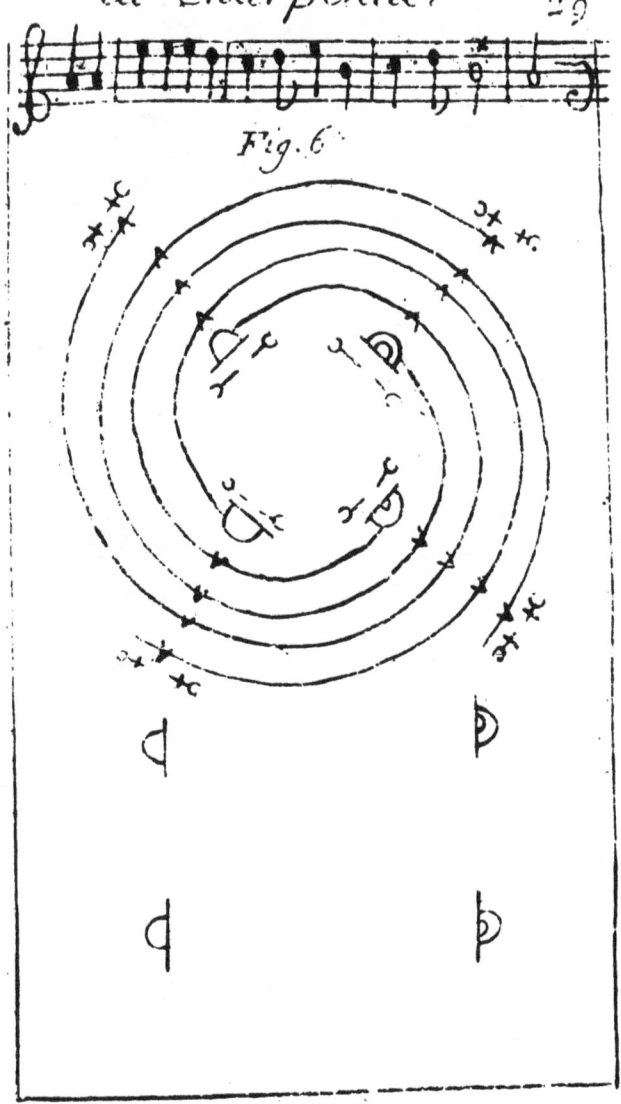

Fig. 6.

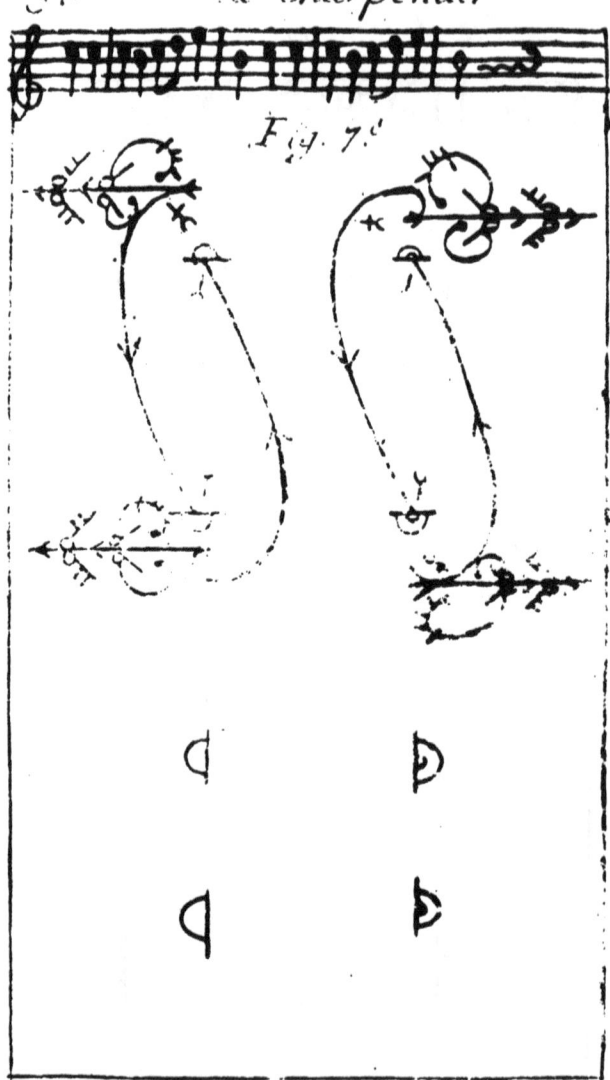

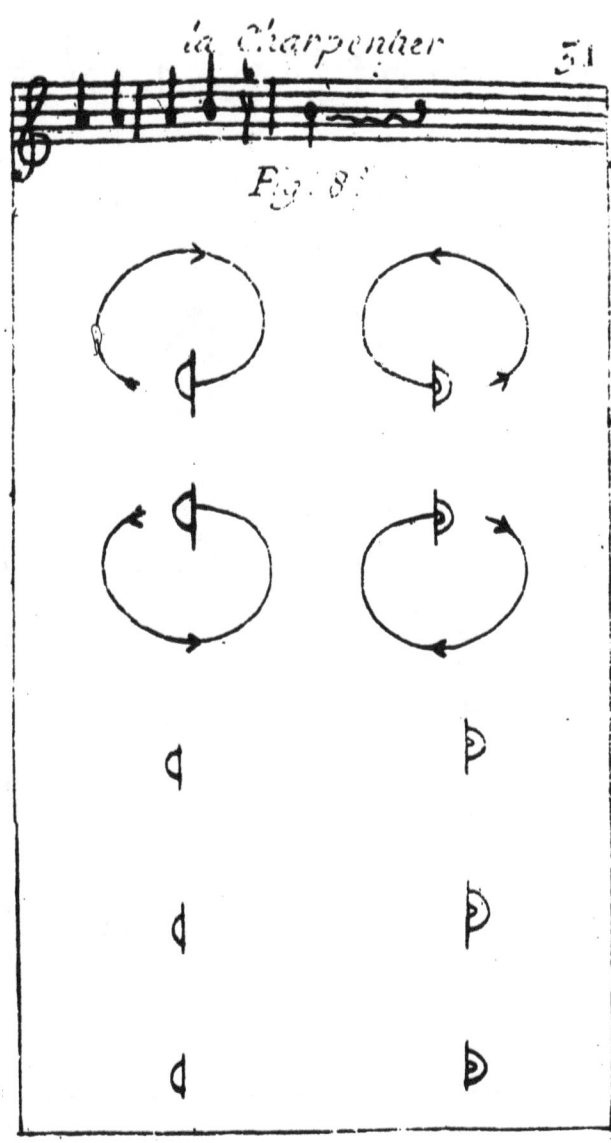

Fig. 8.

la Charpentier

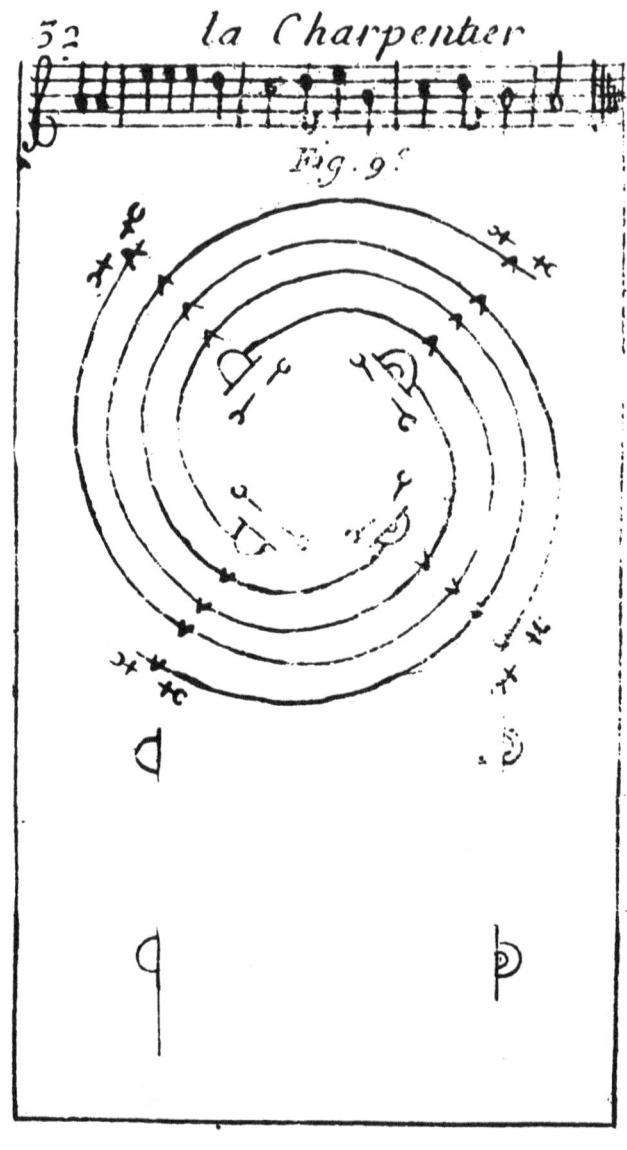

Fig. 9.

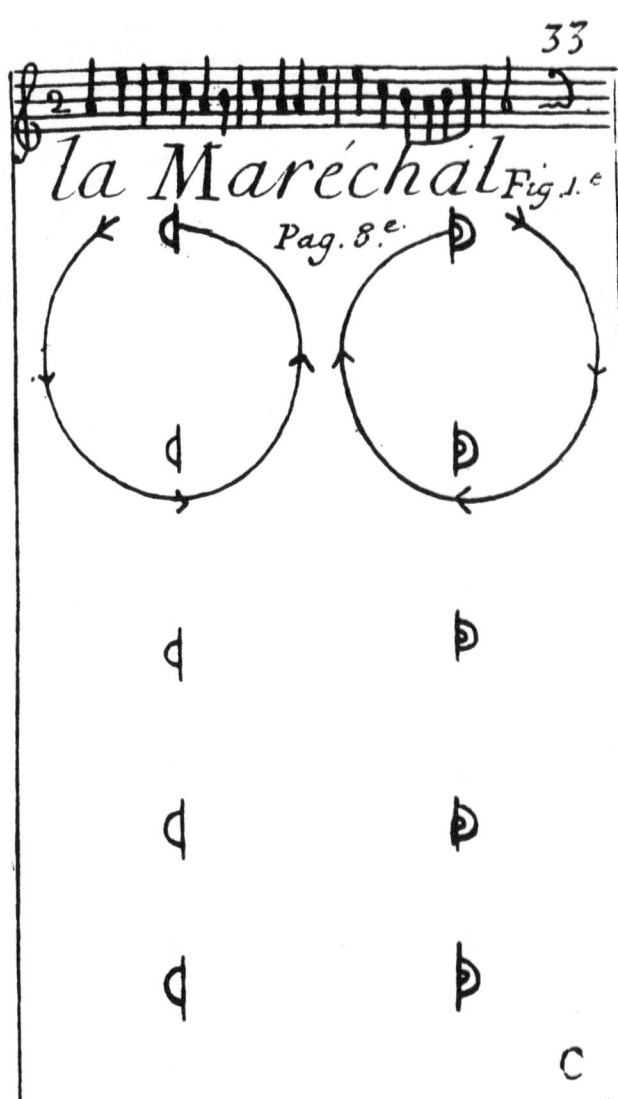

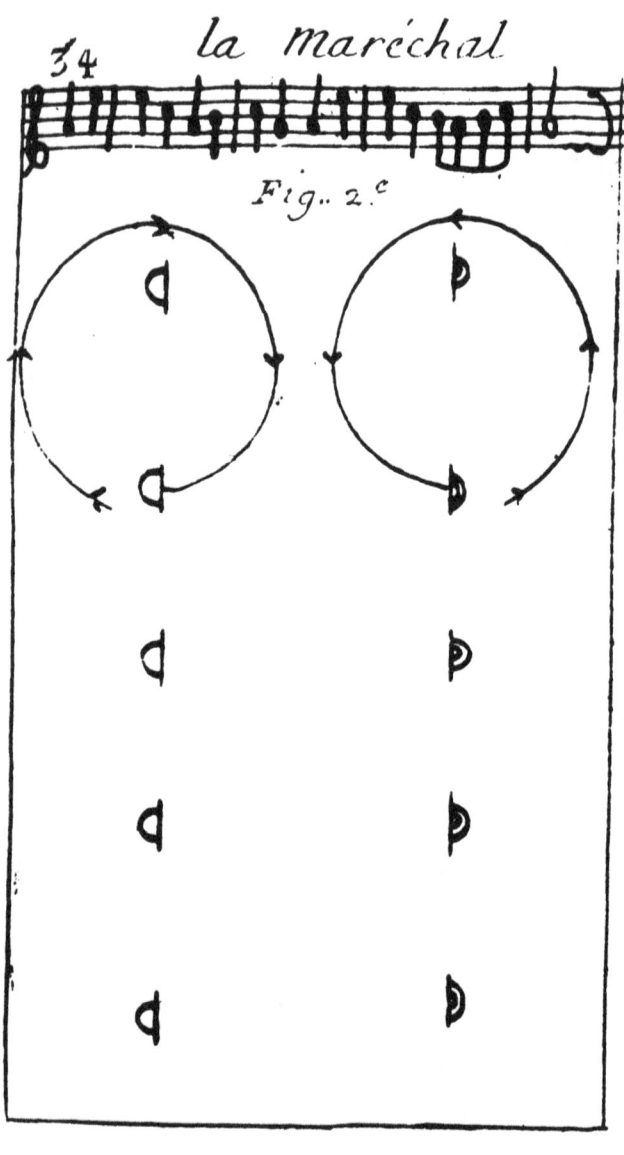

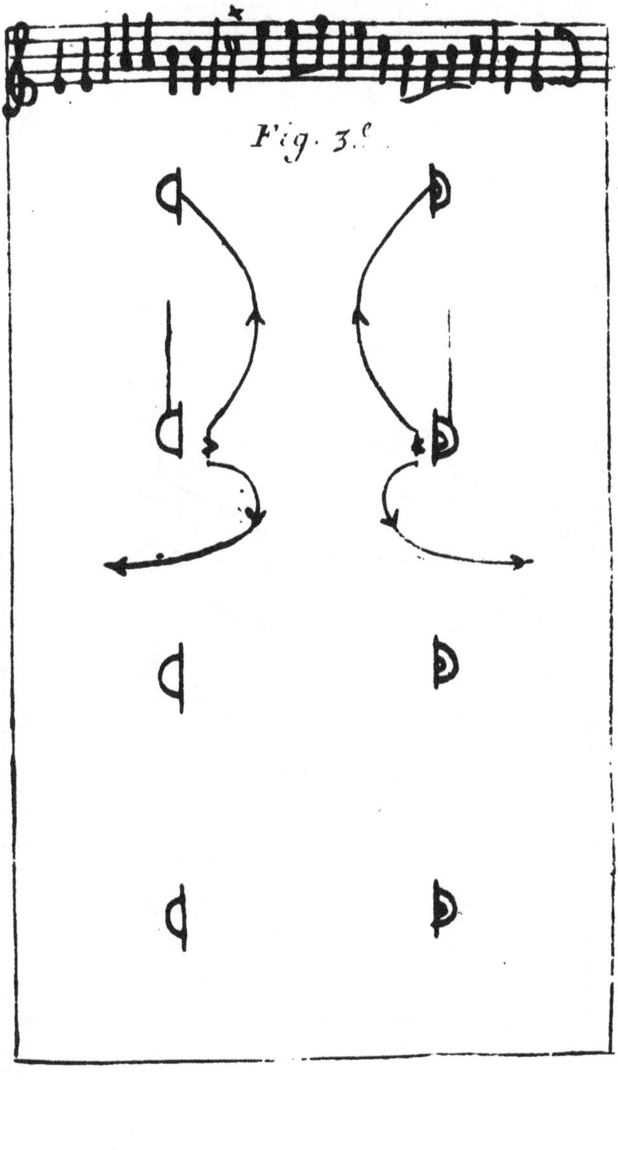

la Maréchal 35

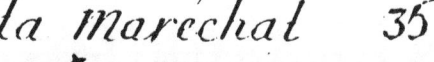

Fig. 3.e

la Marechal

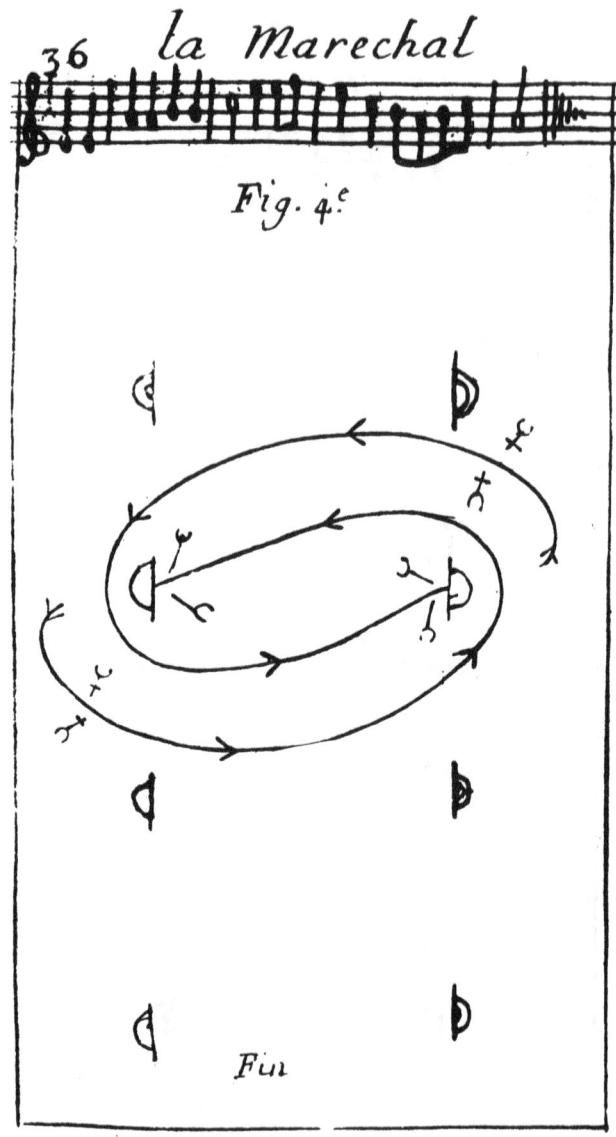

Fig. 4.

Fin

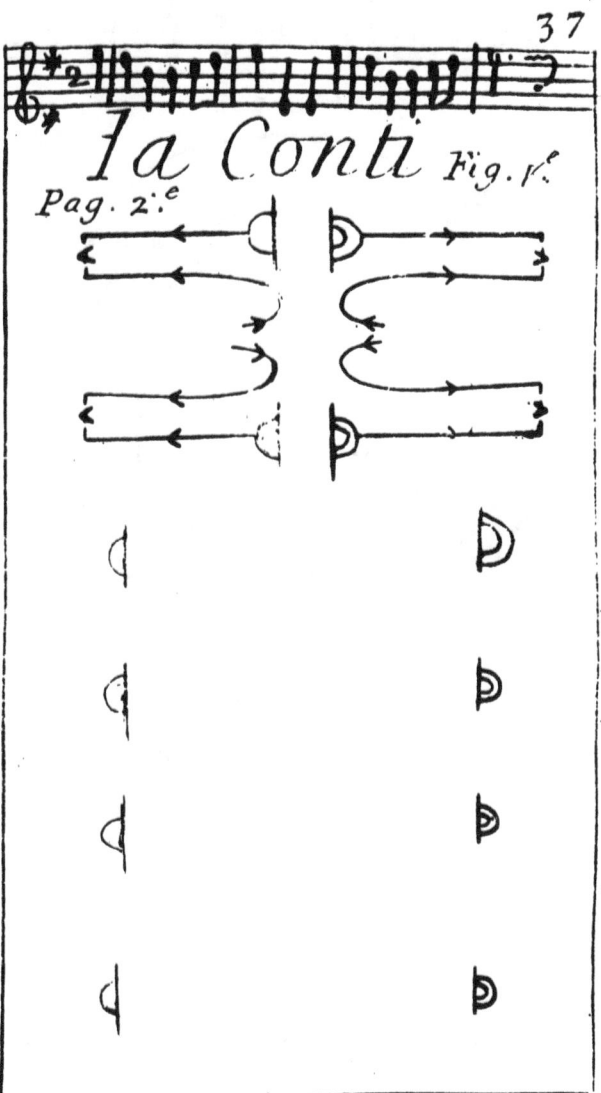

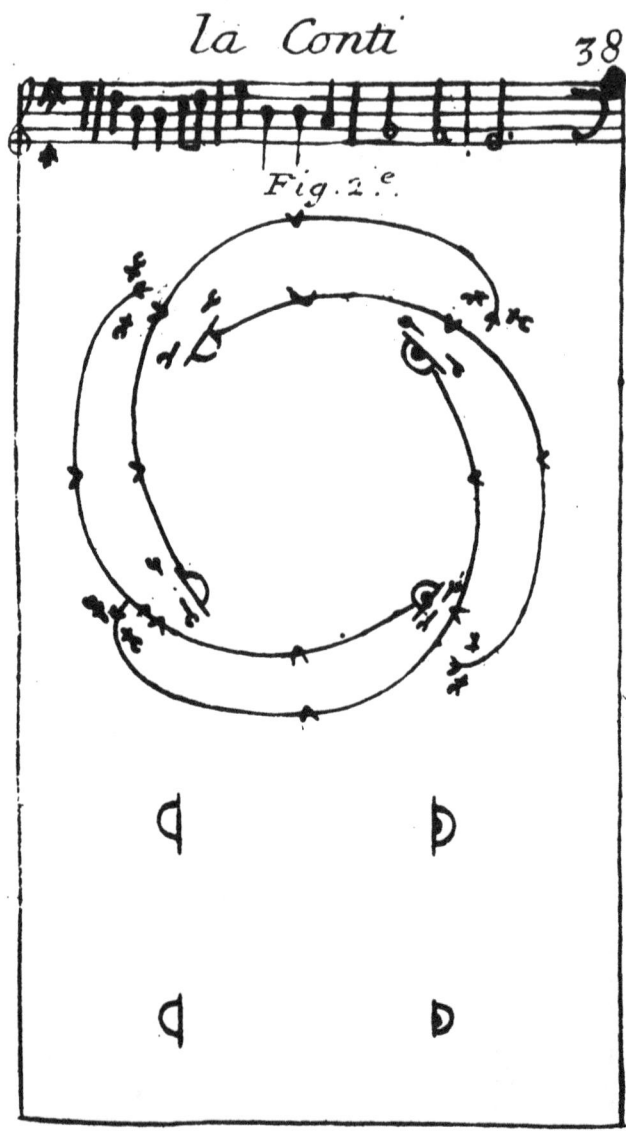

la Conti

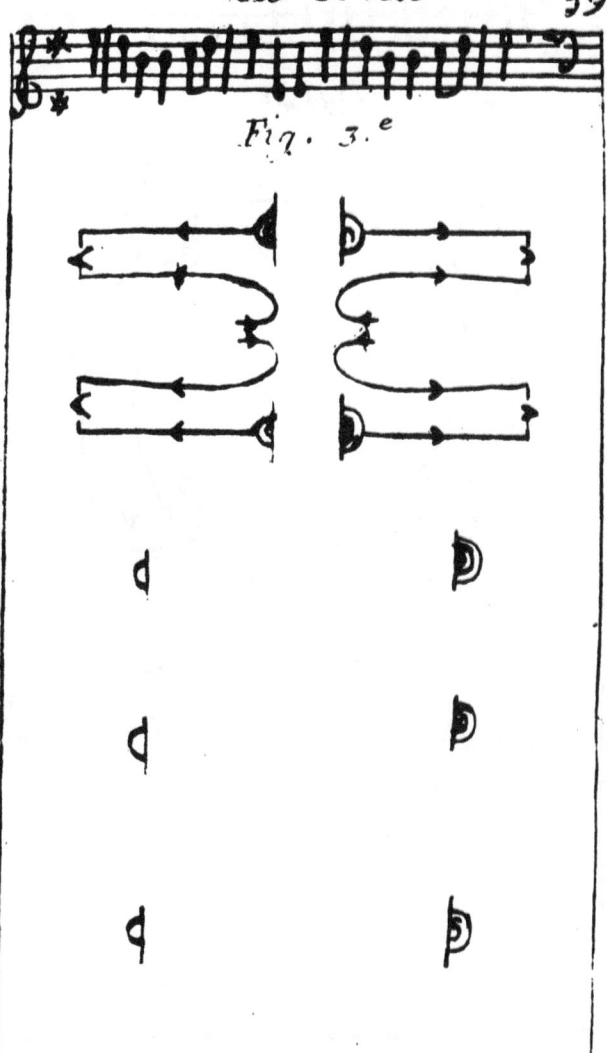

Fig. 3.ᵉ

la Conti

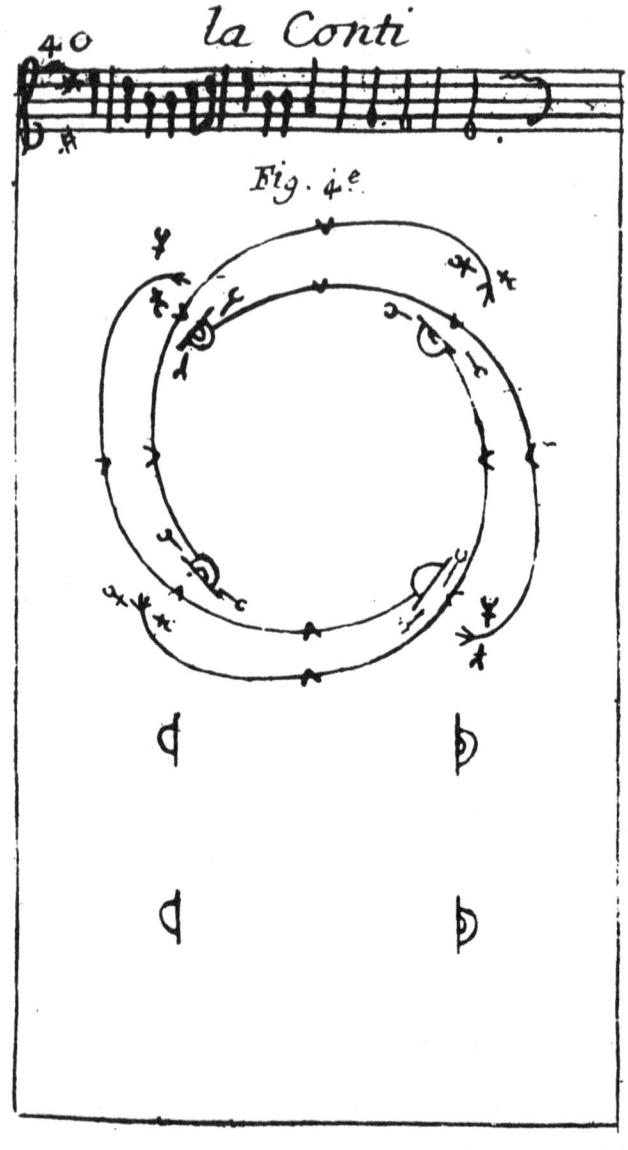

Fig. 4.ᵉ

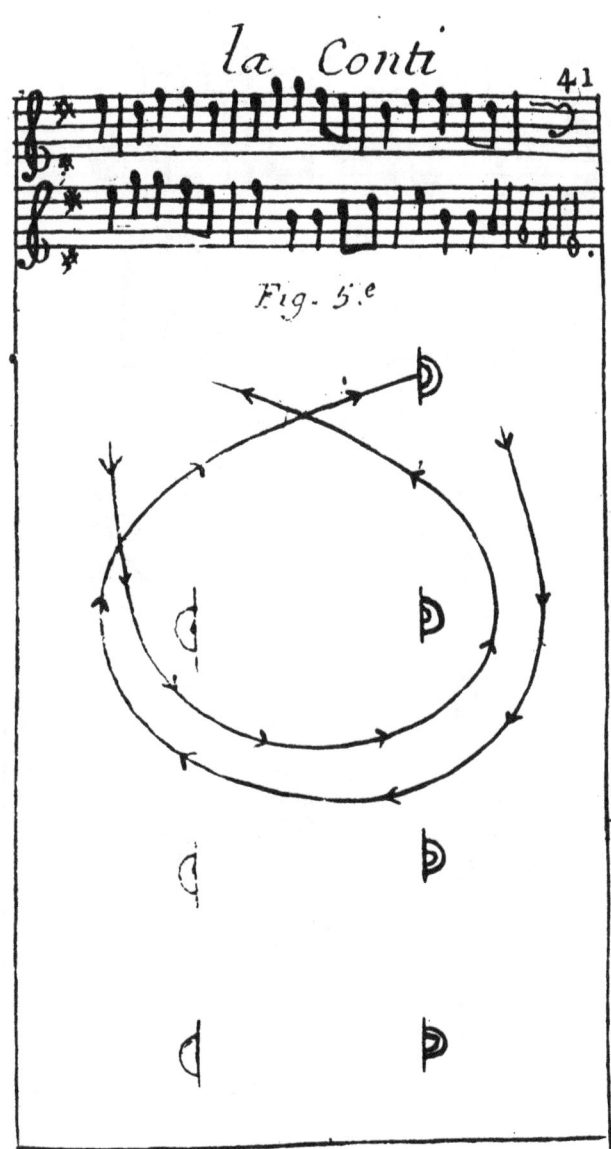

Fig. 5.ᵉ

42. la Conti

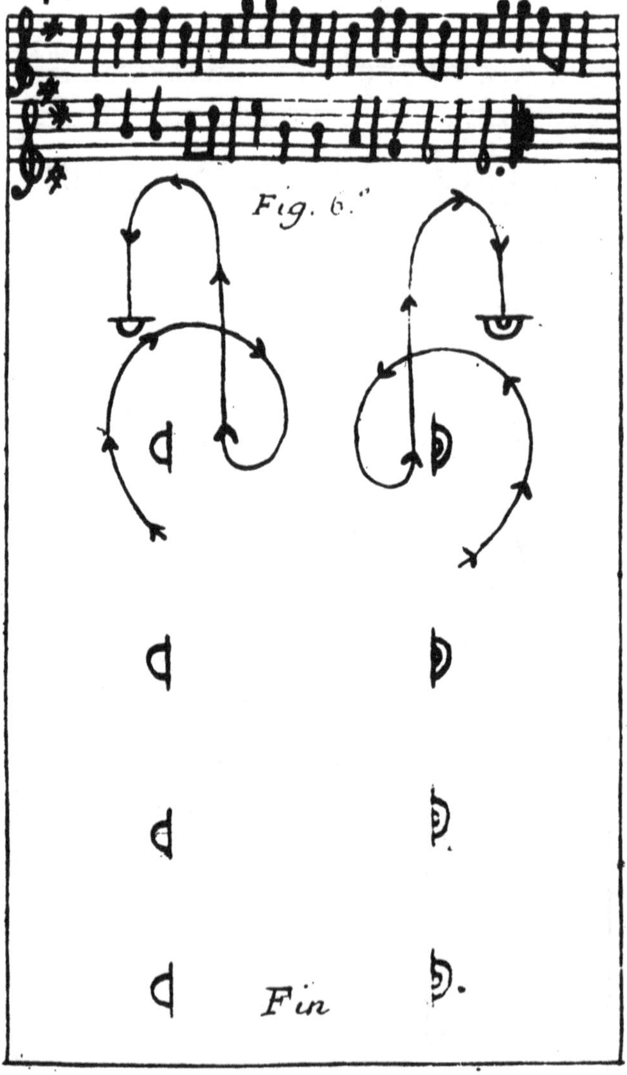

Fig. 6.

Fin

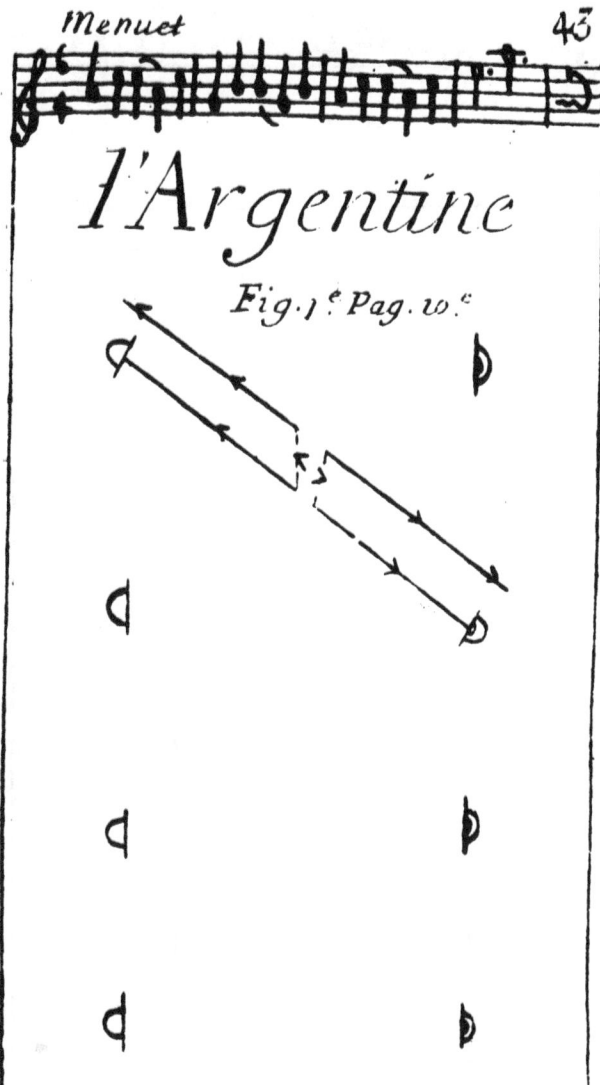

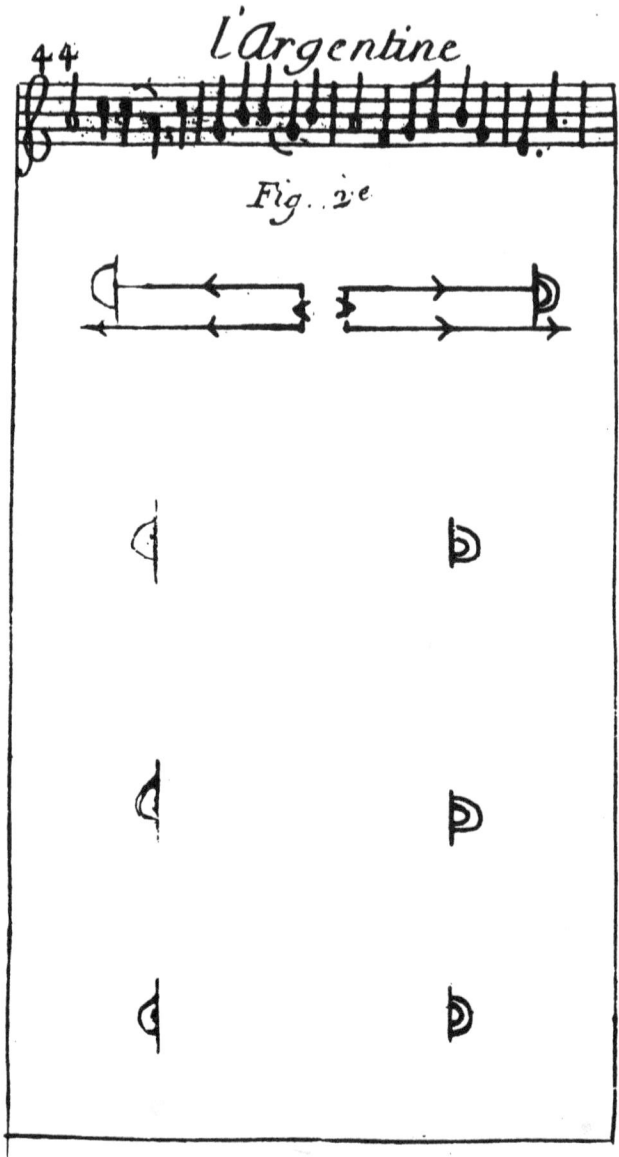

l'Argentine 45

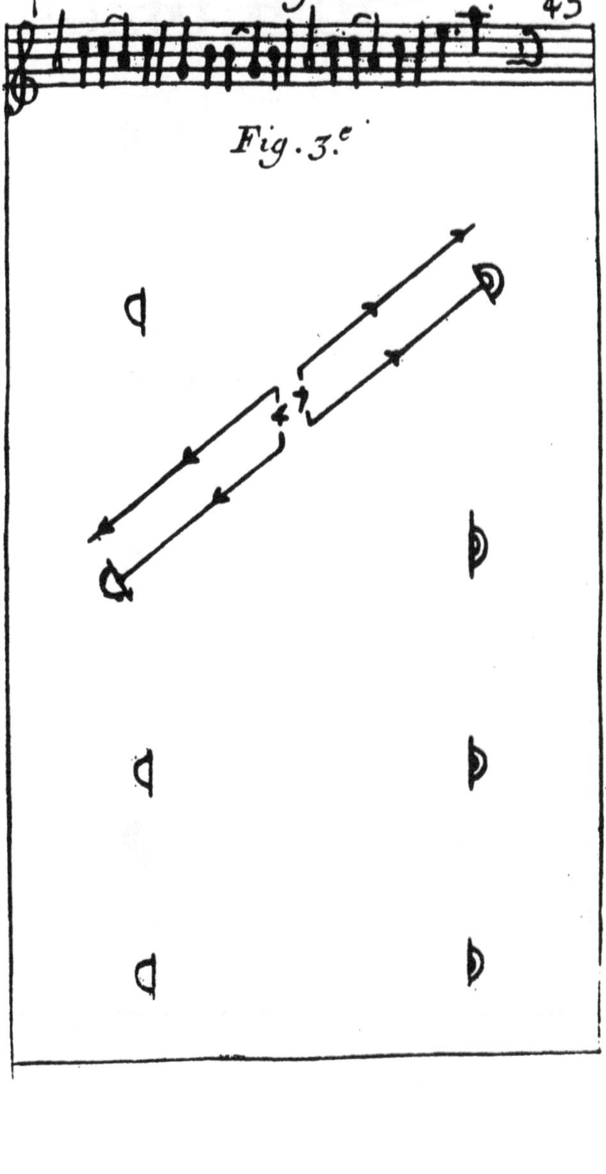

Fig. 3.e

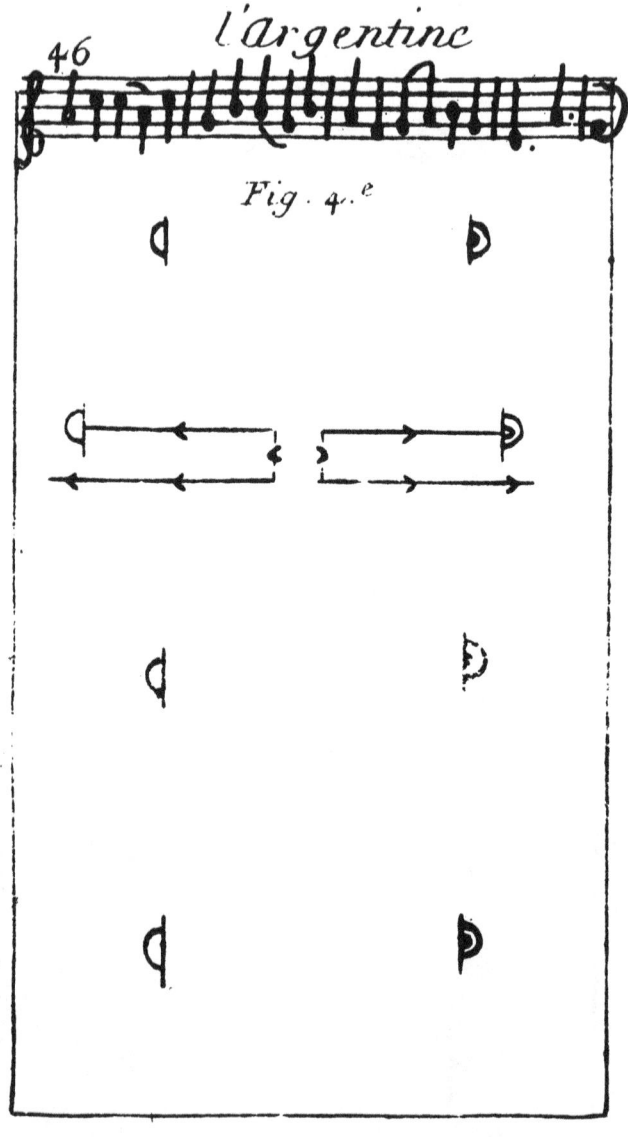

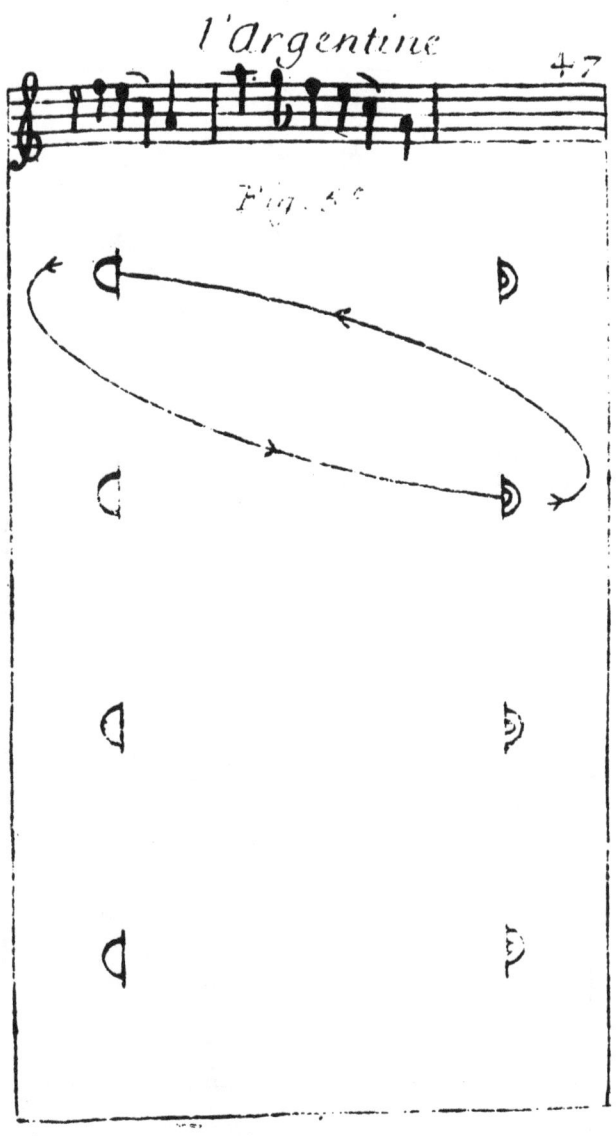

48 l'Argentine

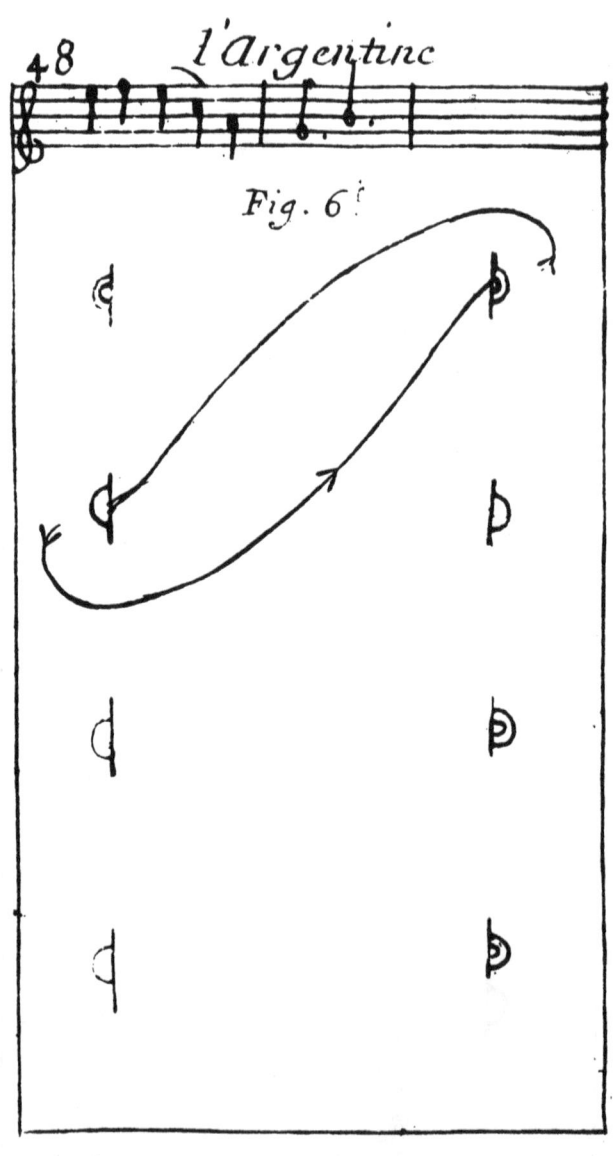

Fig. 6.

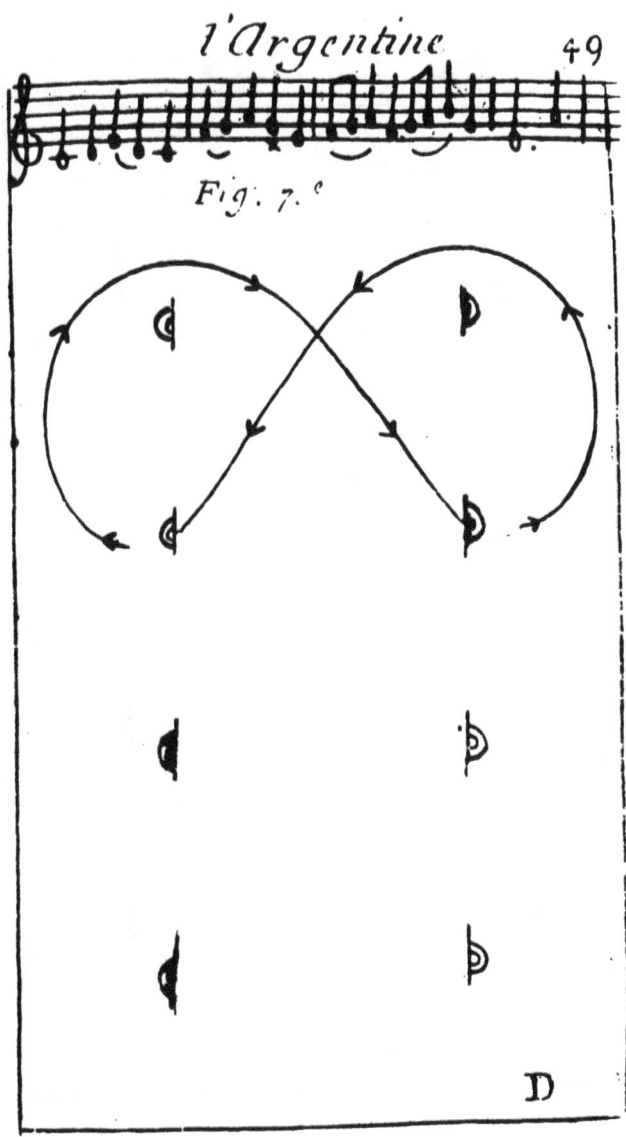

l'Argentine

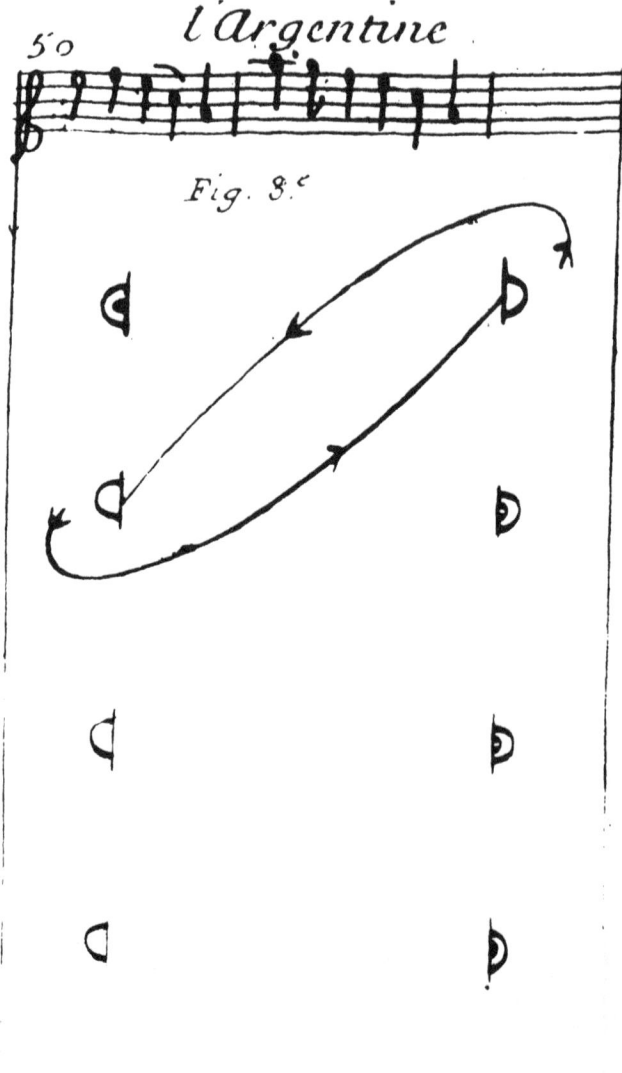

Fig. 8.e

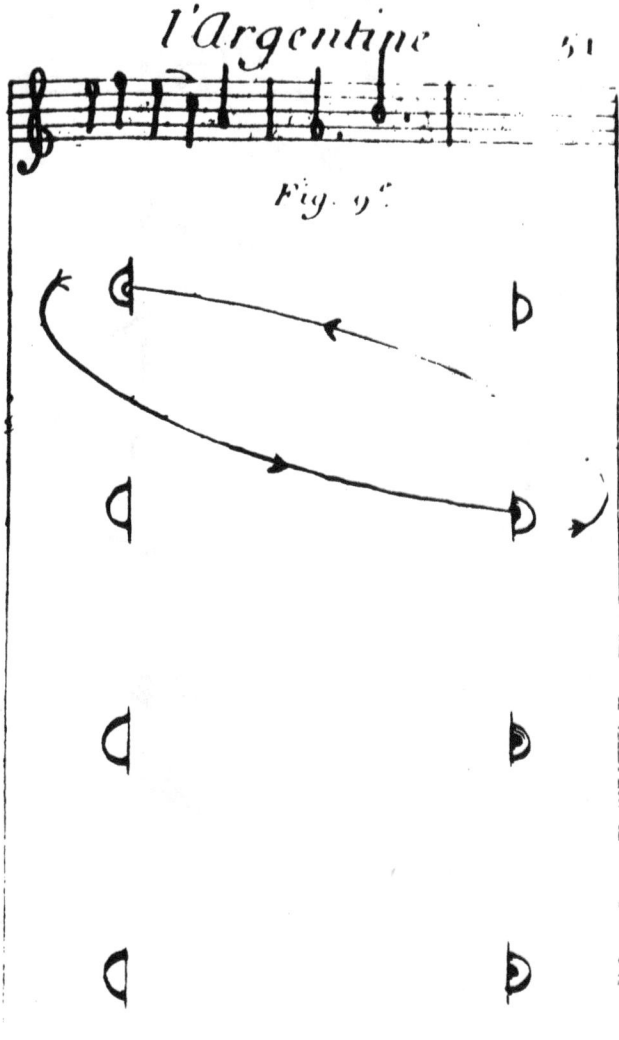

l'Argentine

Fig. 9.

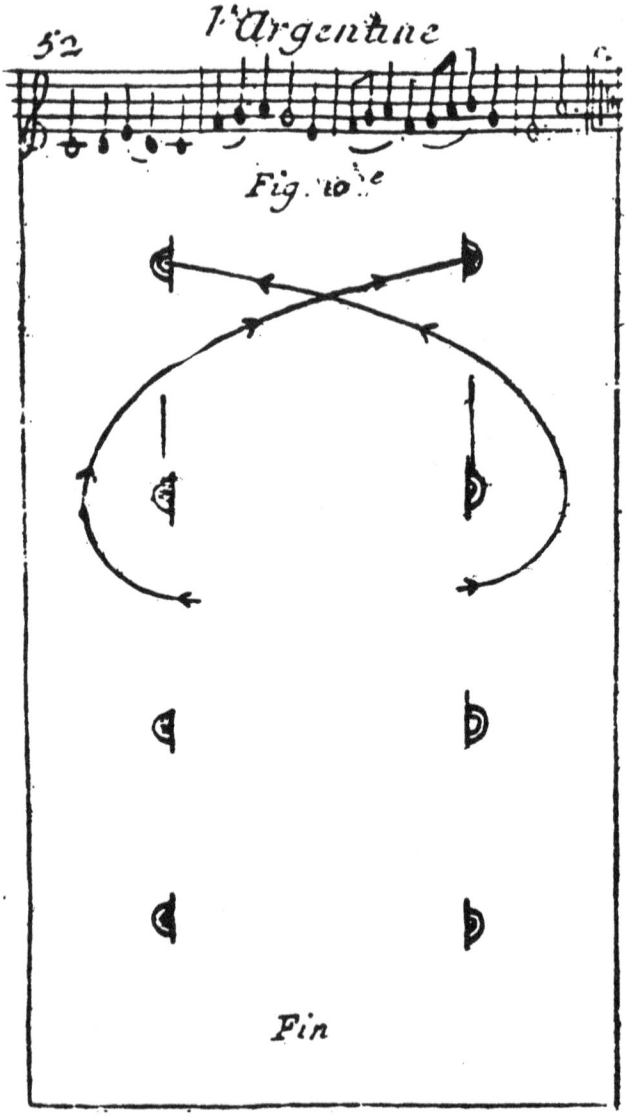

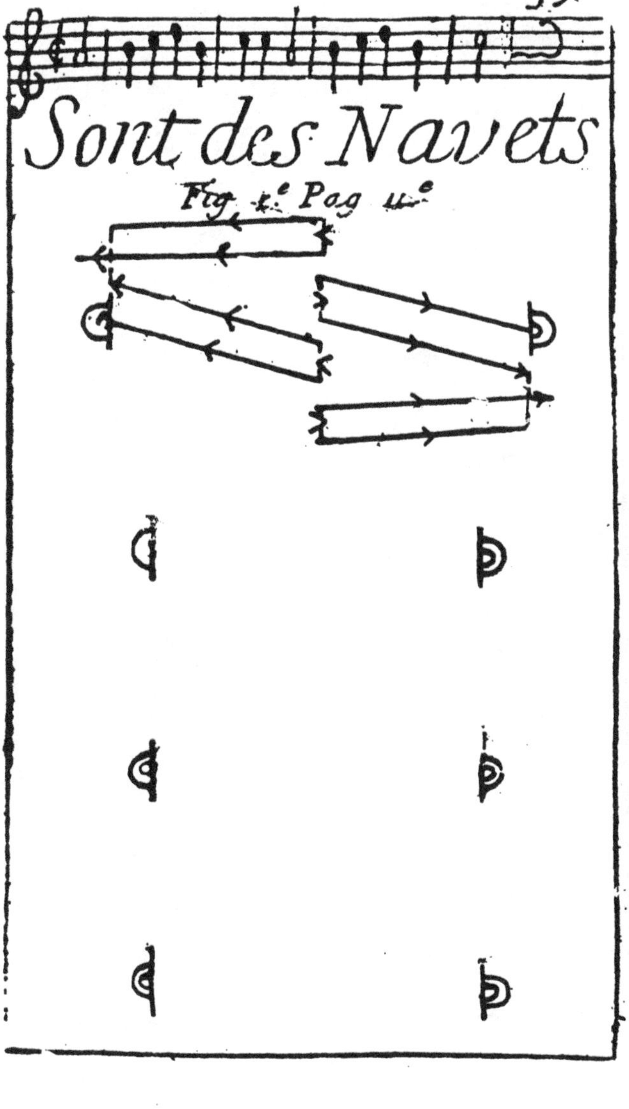

Sont des Navets

Fig. 1.ᵉ Pag 11.ᵉ

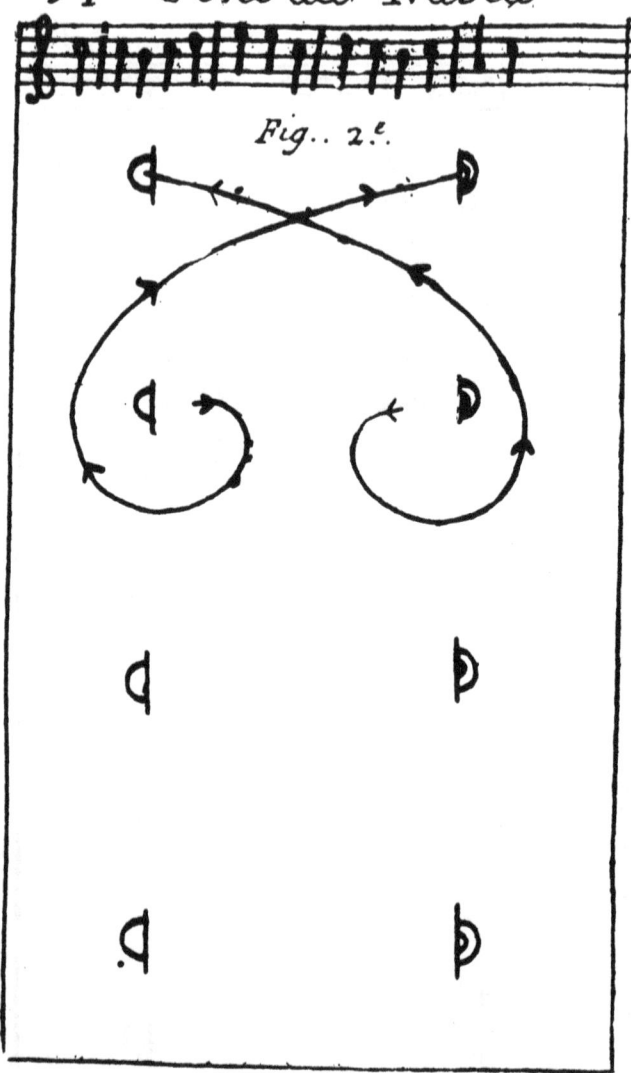

Sont des Navets.

55

Fig. 3ᵉ

46 Sont des Navets

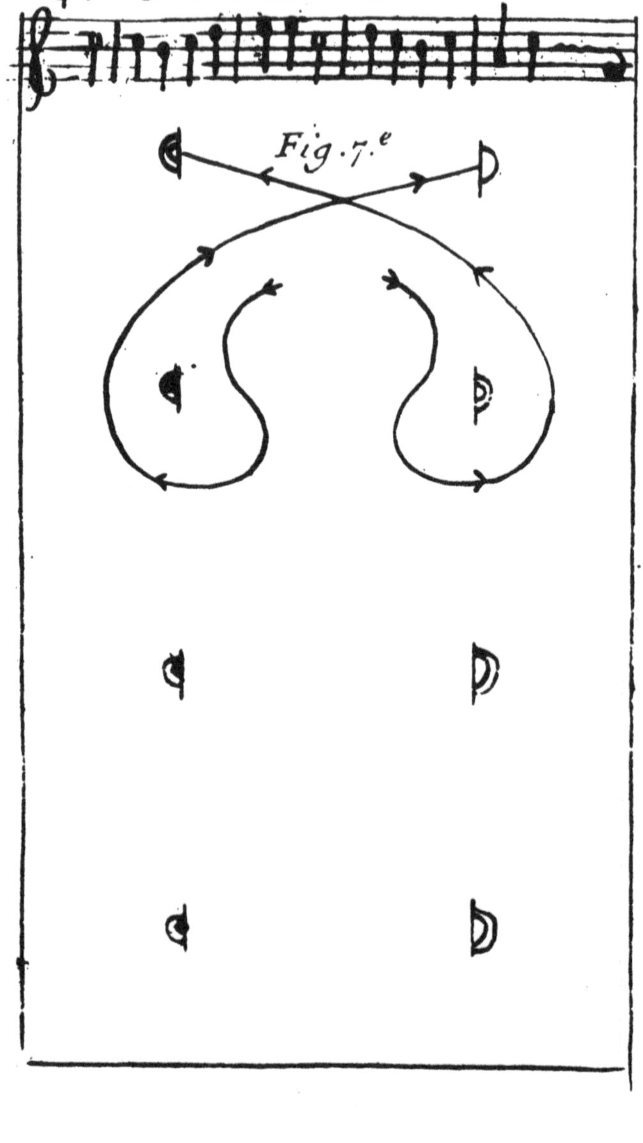

Fig. 7.ᵉ

Sont-des Navets

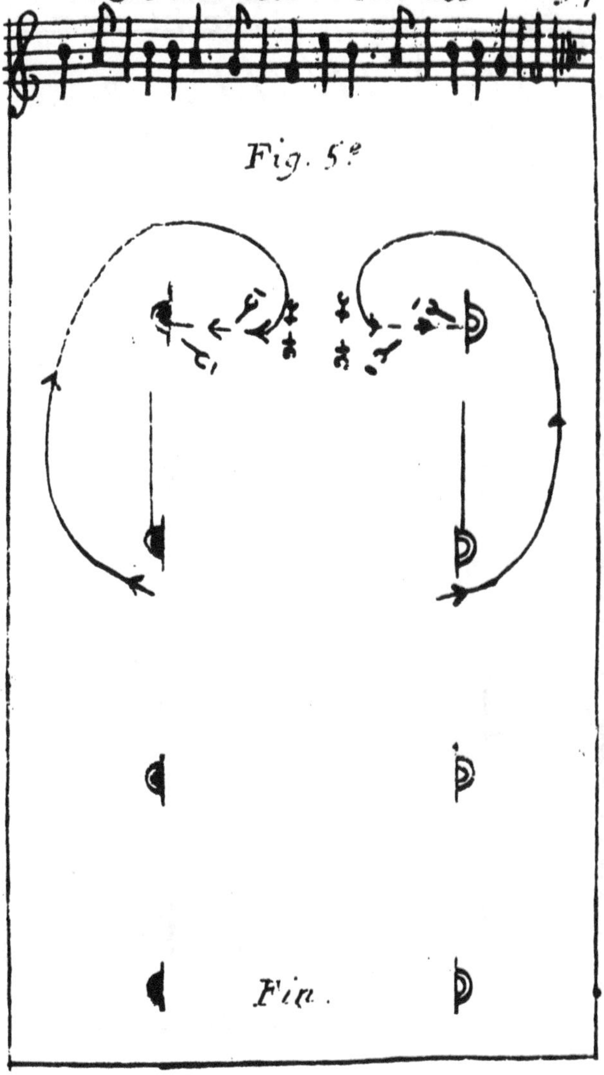

Fig. 5.

Fin.

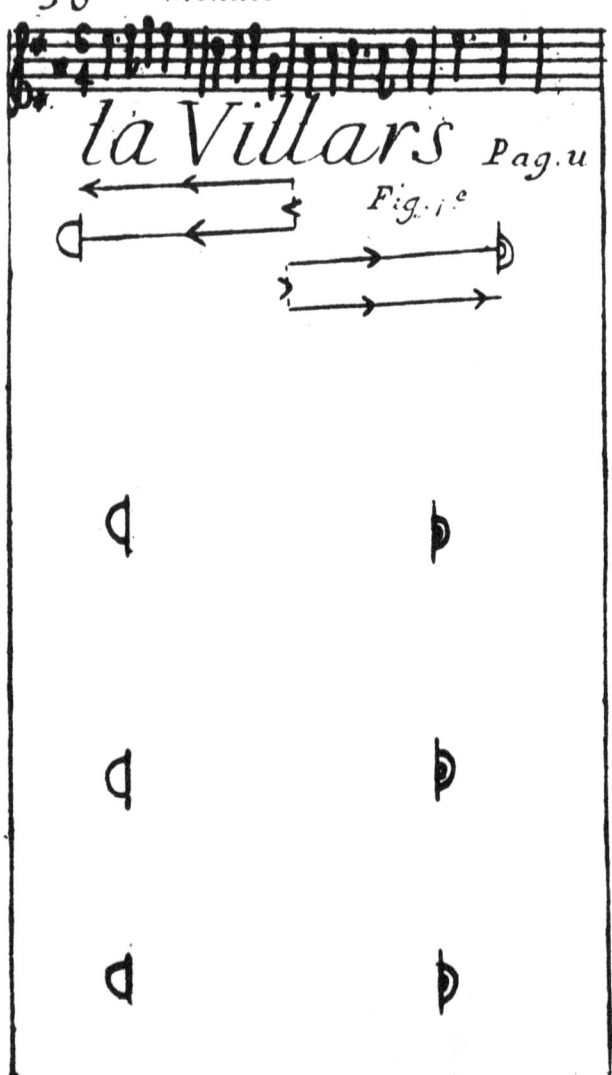

la Villars

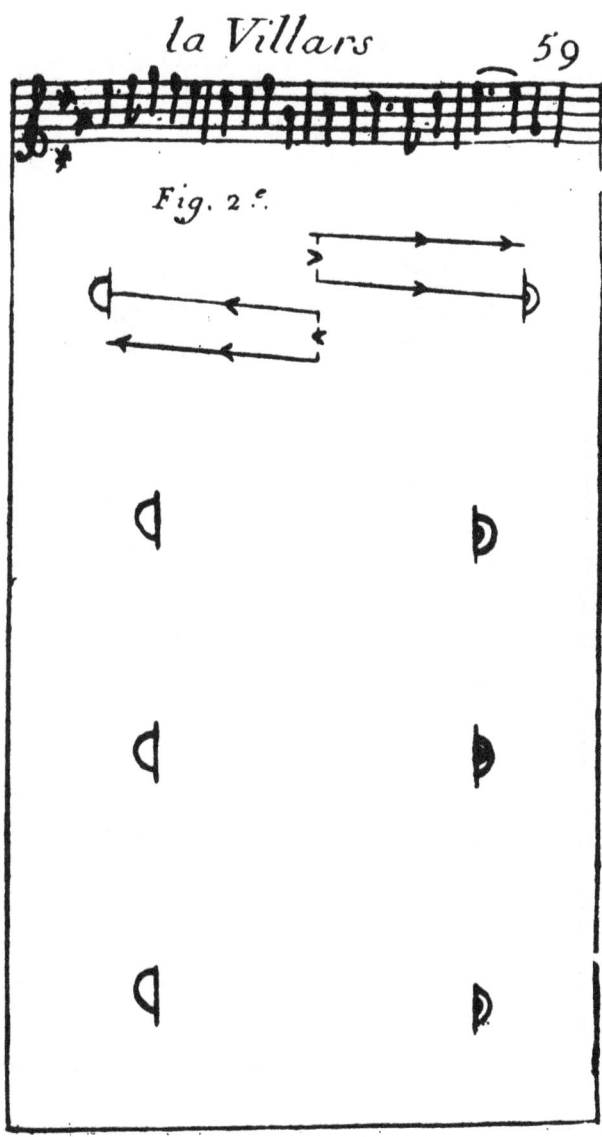

Fig. 2.

la Villars

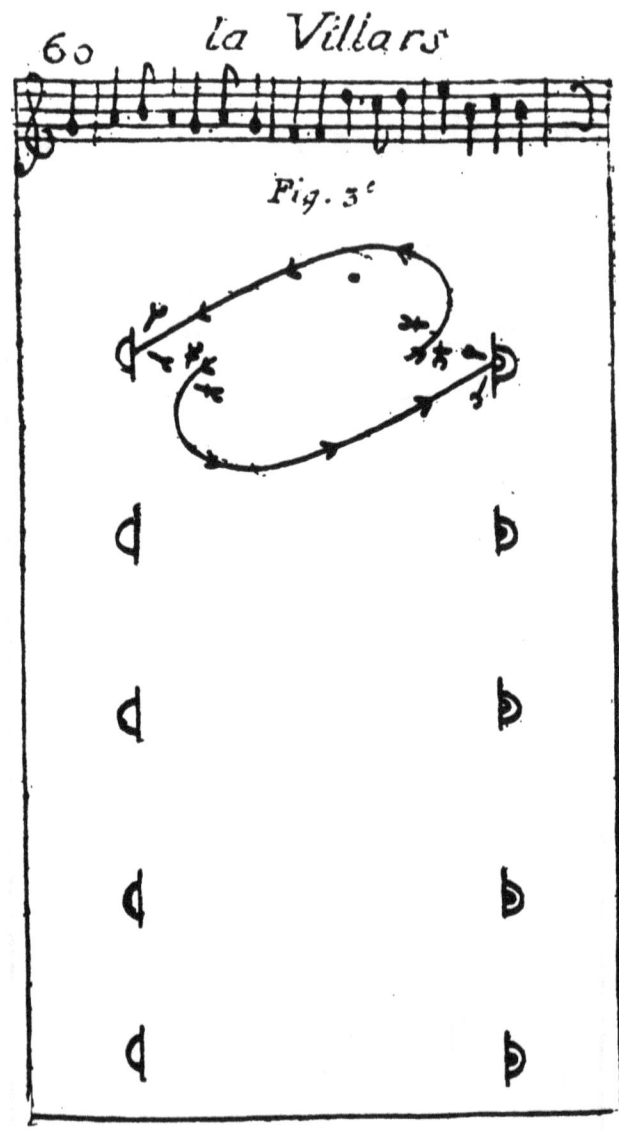

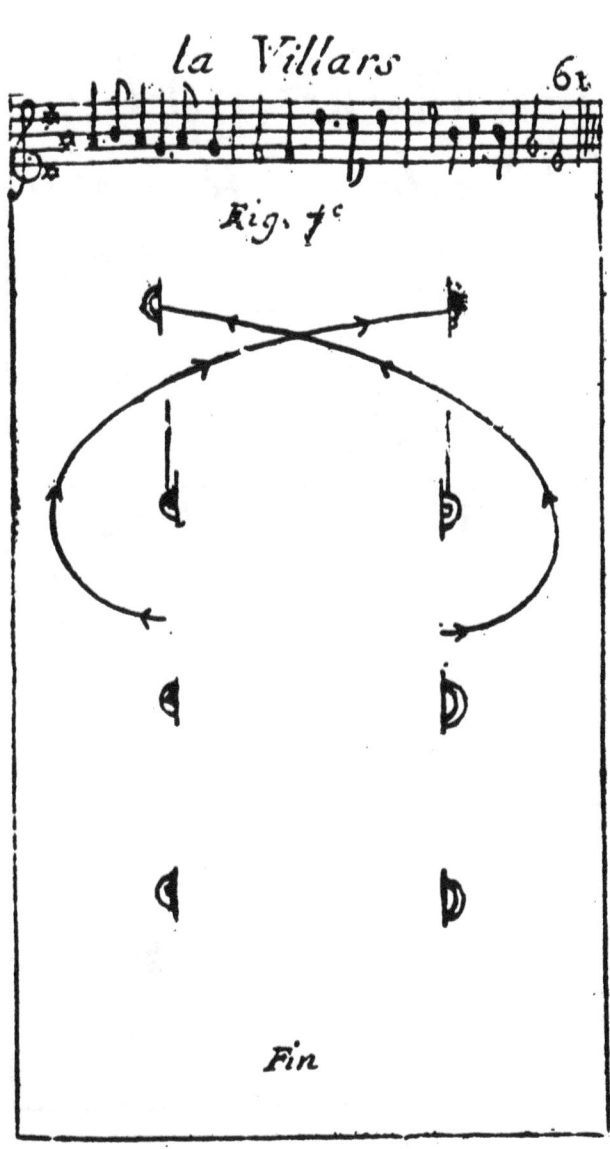

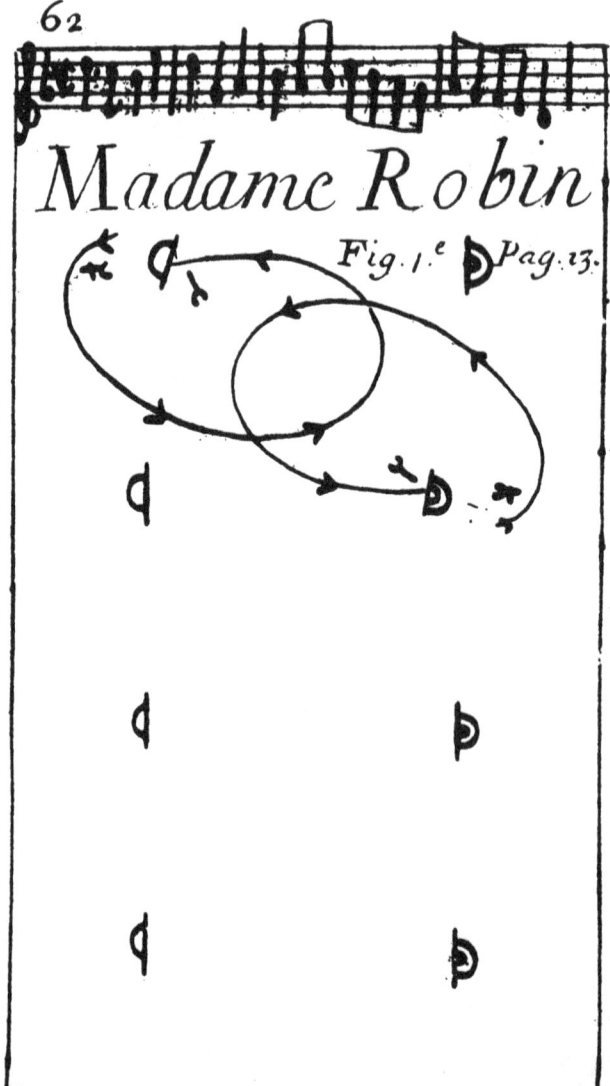

Madame Robin

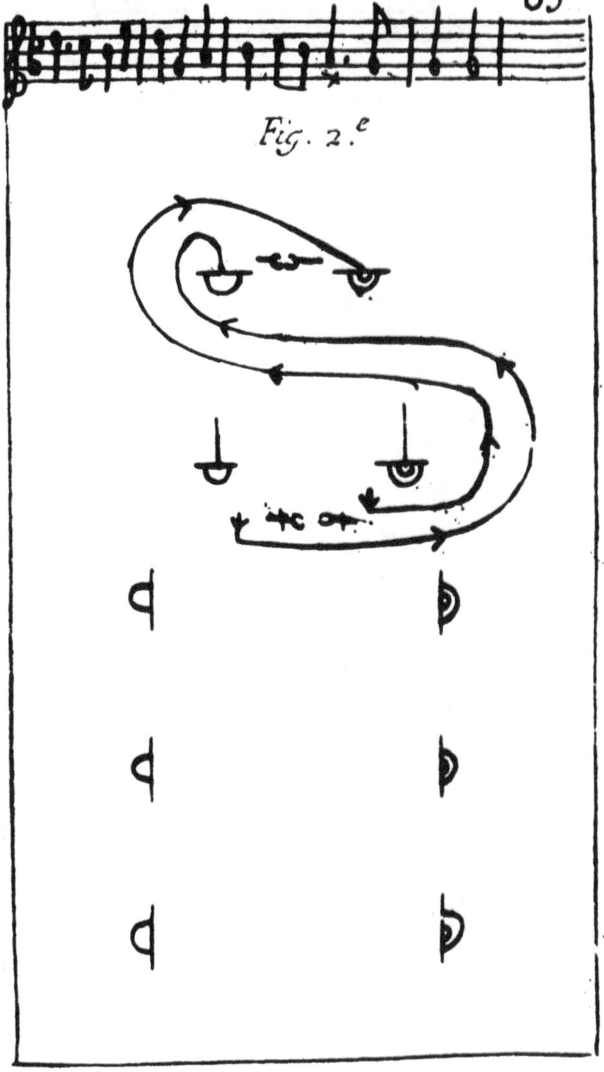

Fig. 2.ᵉ

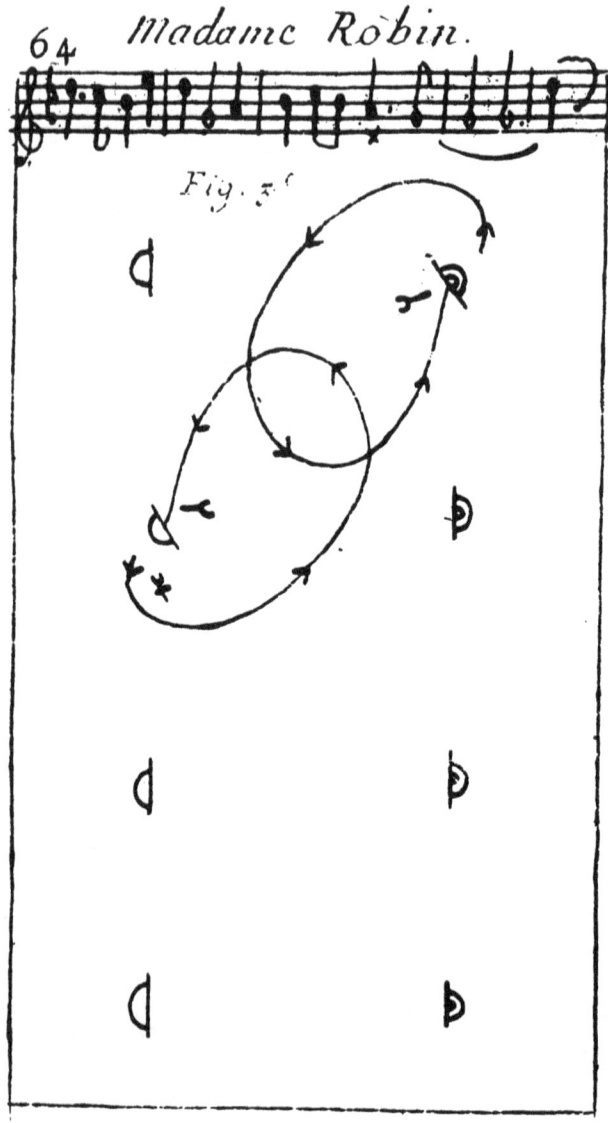

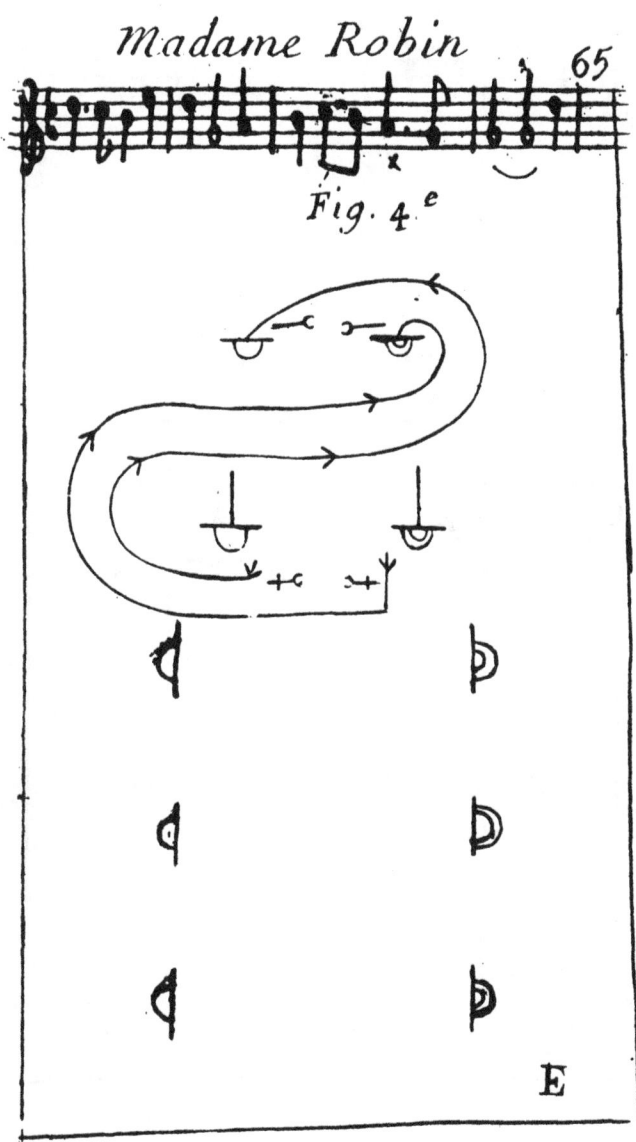

Fig. 4ᵉ

66 Madame Robin

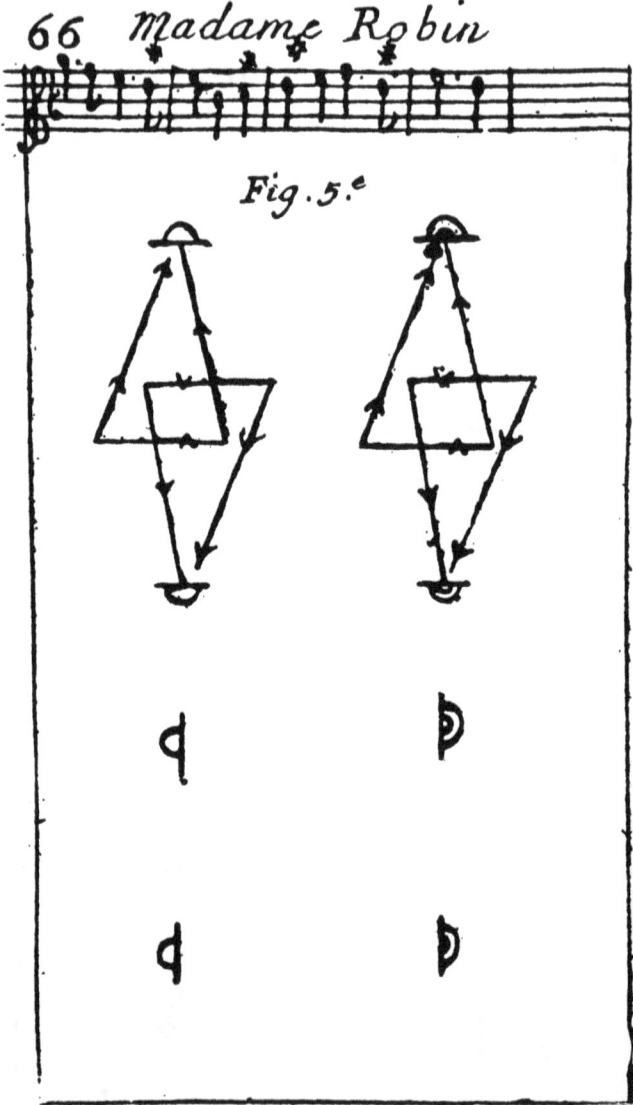

Fig. 5.ᵉ

Madame Robin 67

Fig. 6^e

68 Madame Robin

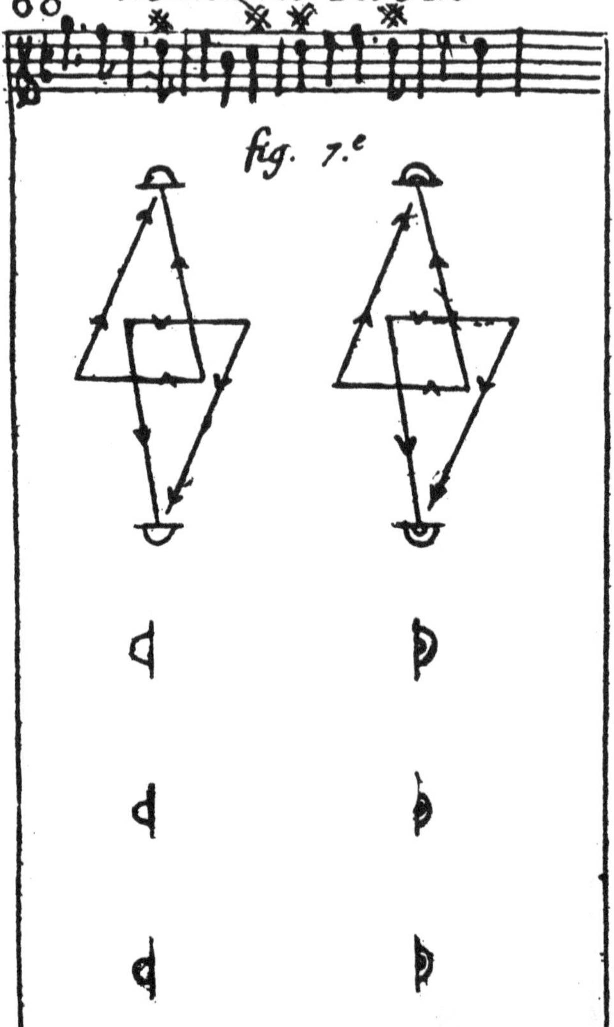

fig. 7.ᵉ

Madame Robin

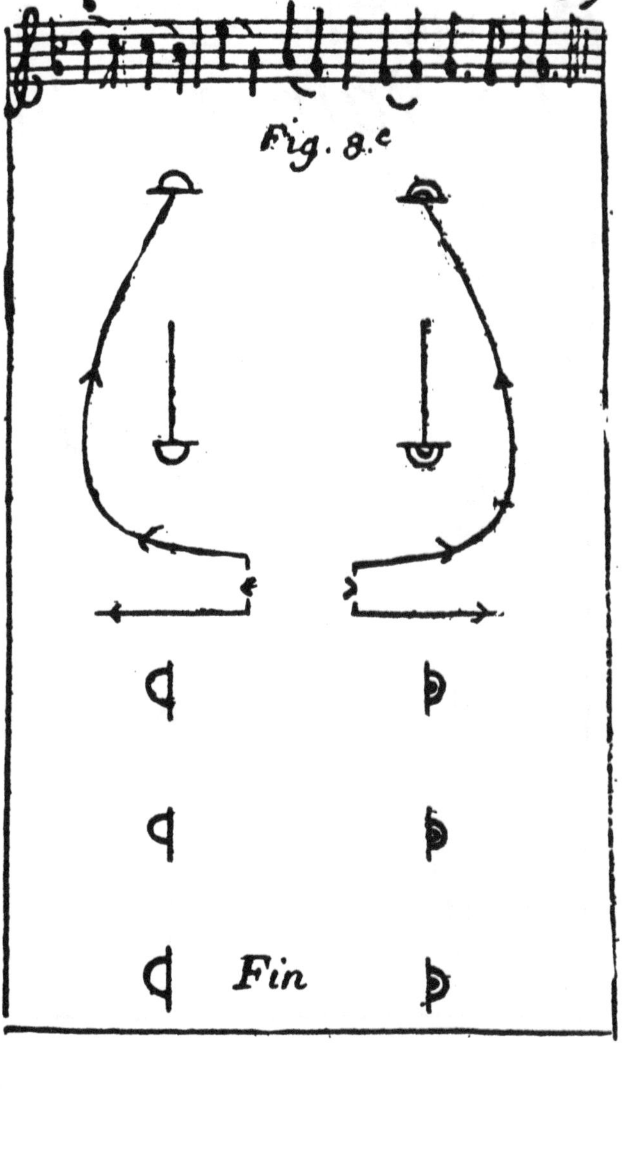

Fig. 8.e

Fin

la Samardique

Pag. 13. Fig. 1.e

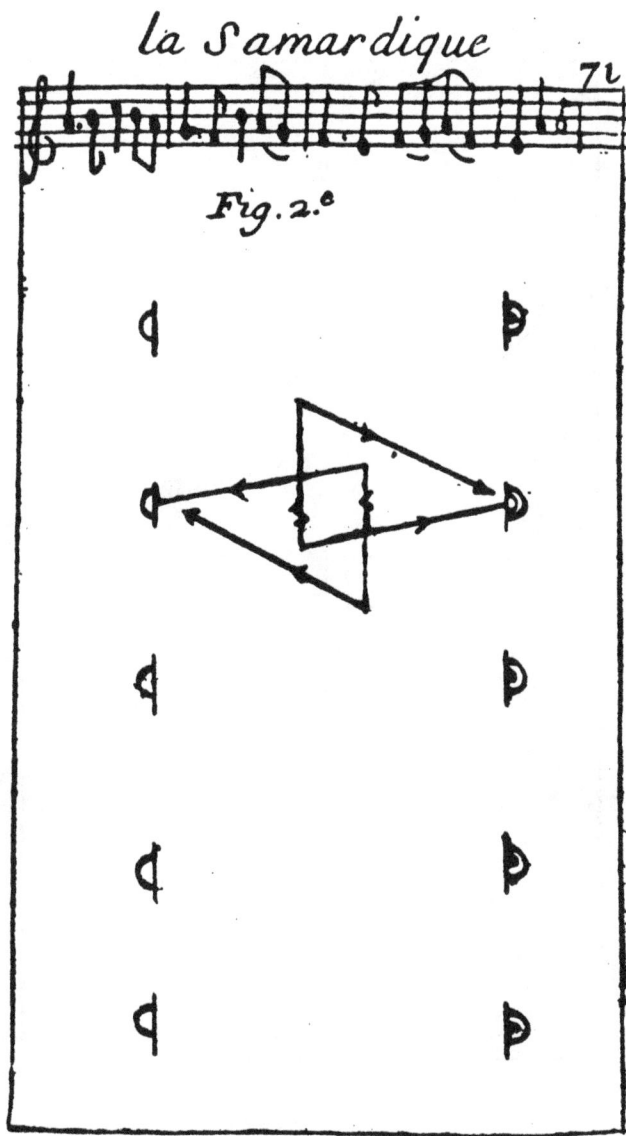

la Samardique

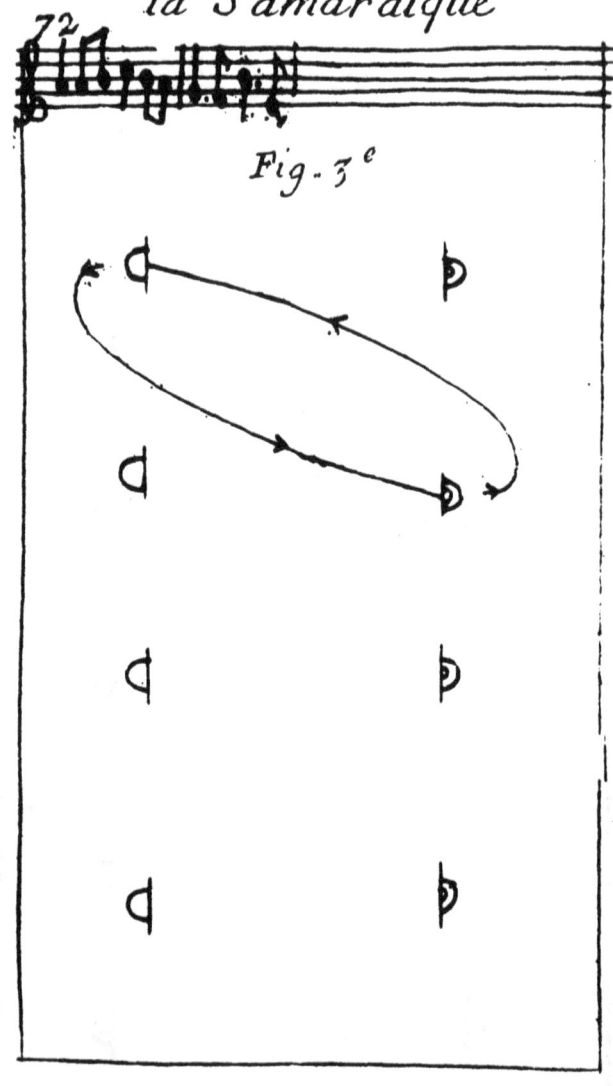

Fig. 3ᵉ

la Samardique

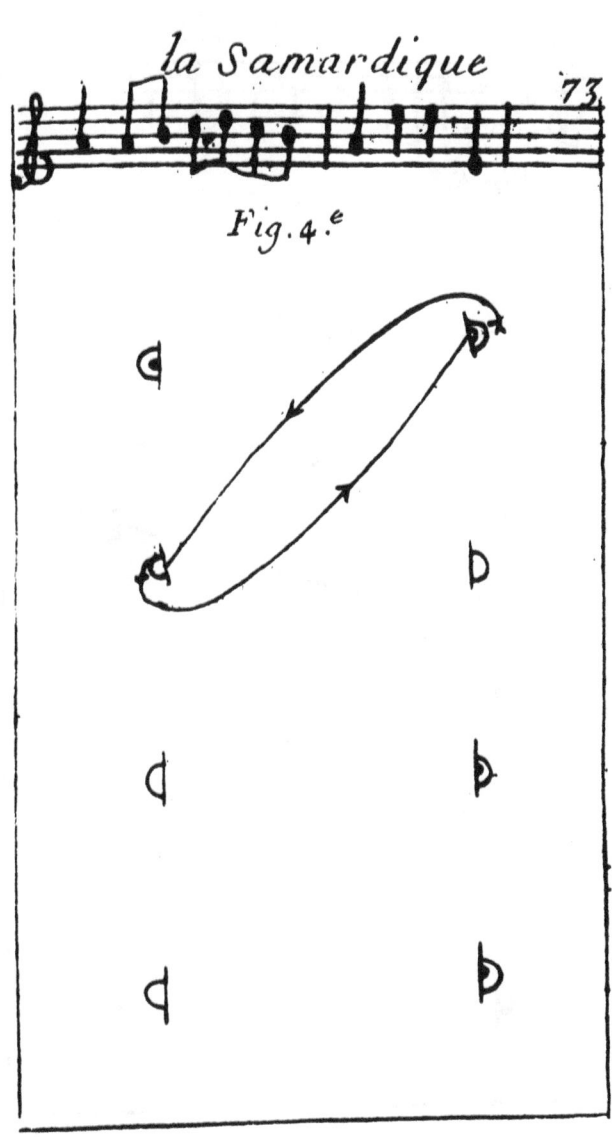

Fig. 4.ᵉ

la Samardique

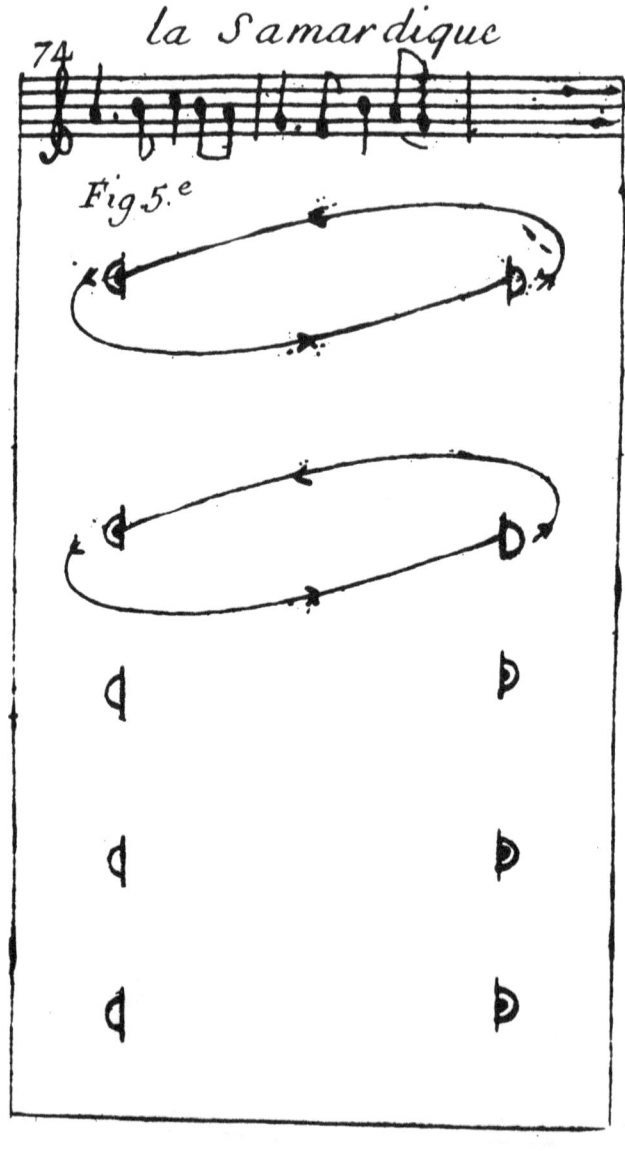

Fig 5.e

la Samardique

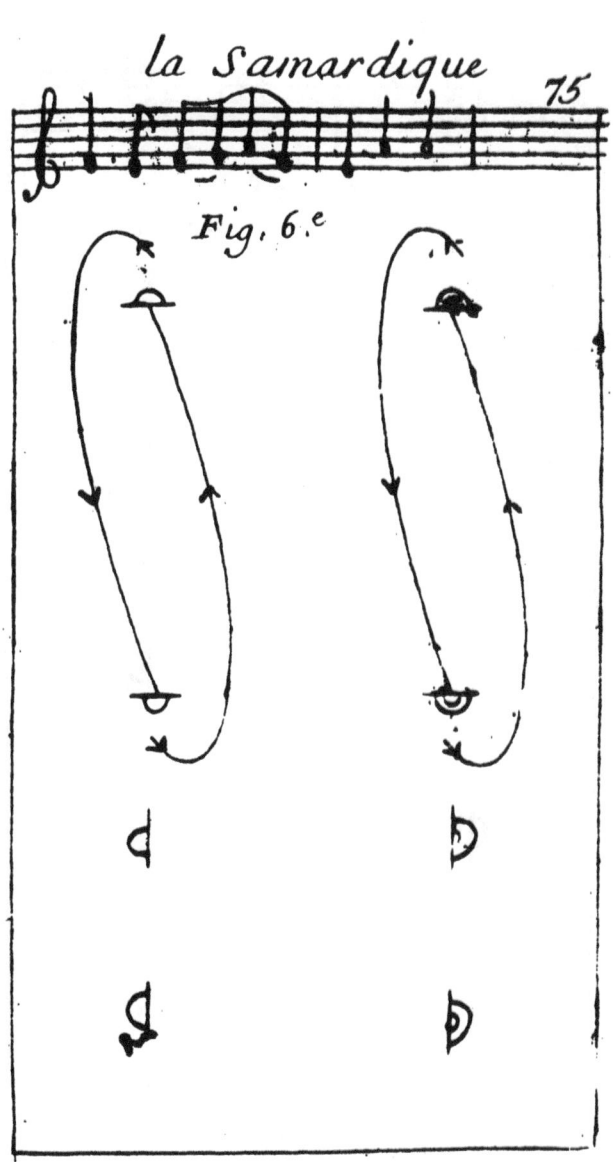

Fig. 6.e

la Samardique

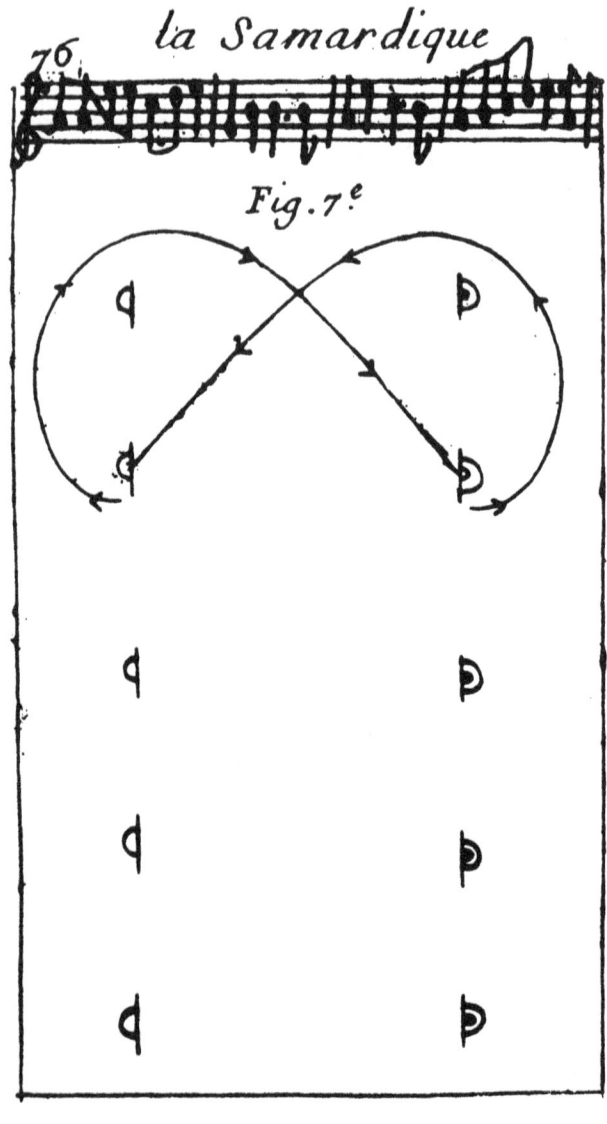

Fig. 7.e

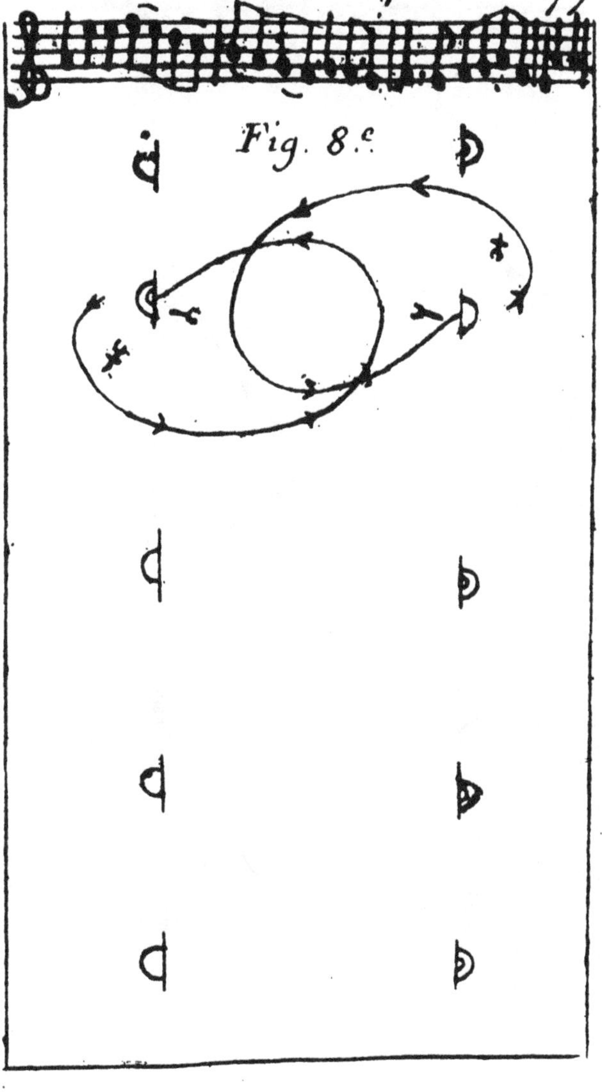

la Samardique

Fig. 8.e

78 la Samardique

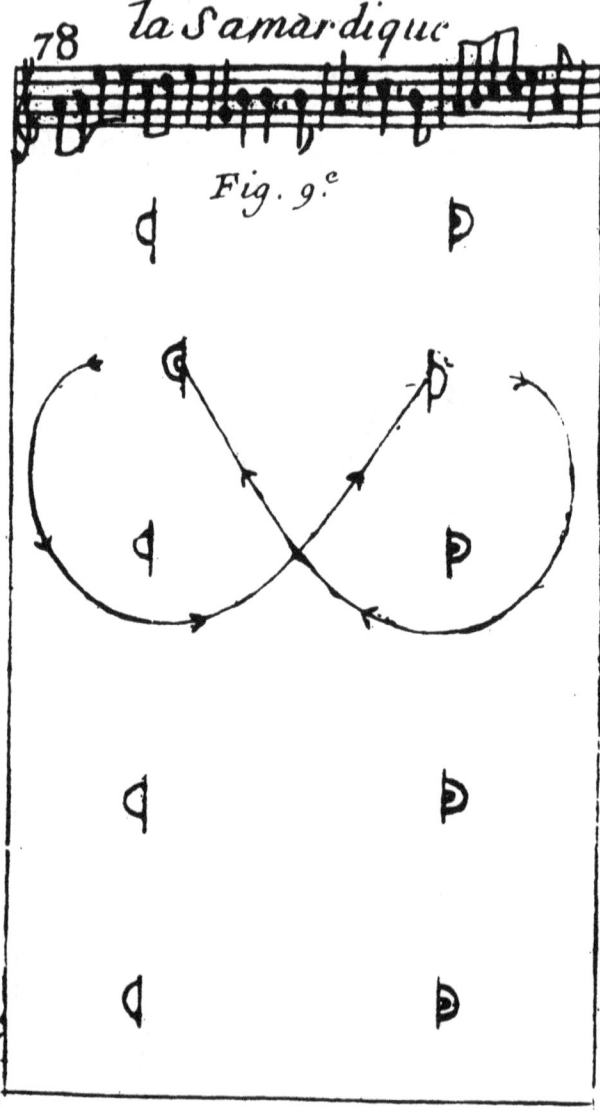

Fig. 9.e

la Samardique 79

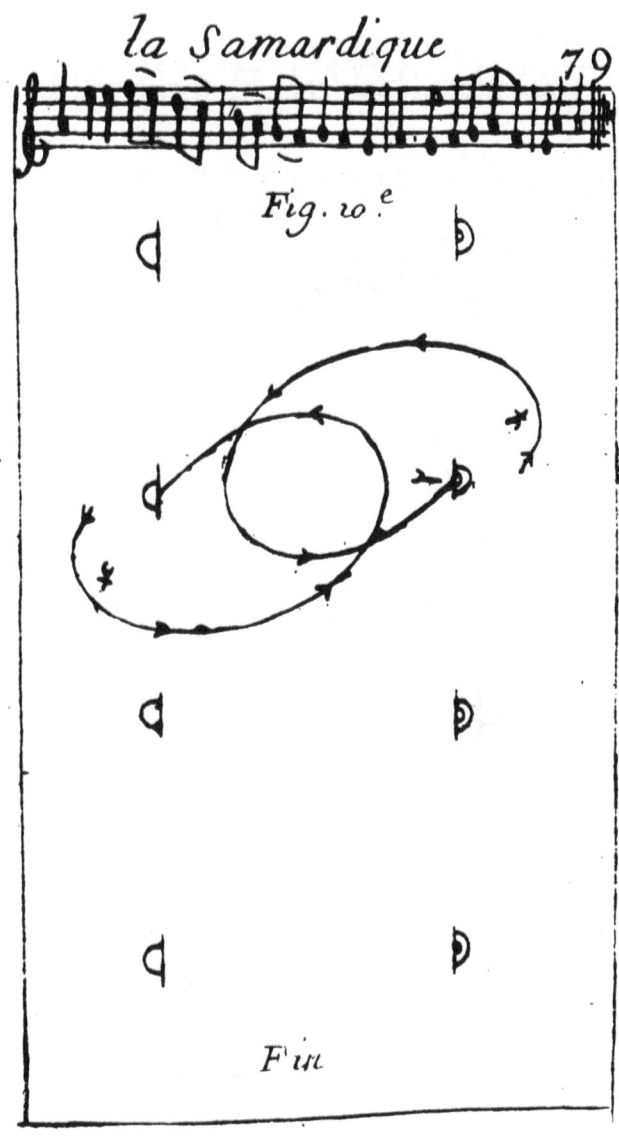

Fig. 10.e

Fin

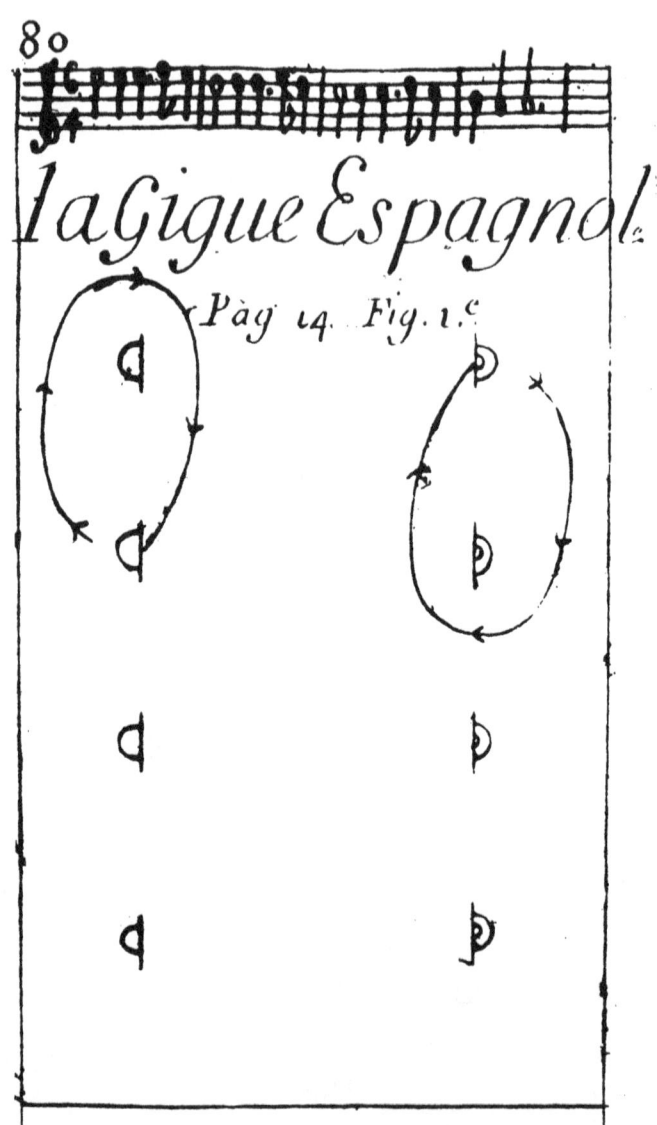

la Gigue Espagnol 81

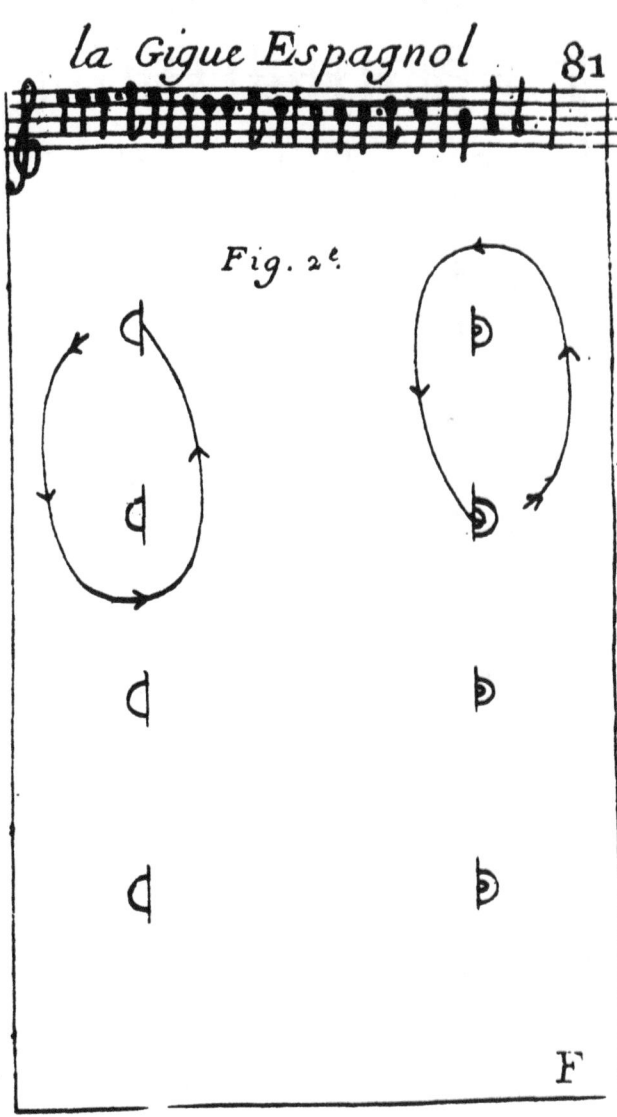

Fig. 2e.

F

la Gigue Espagnol

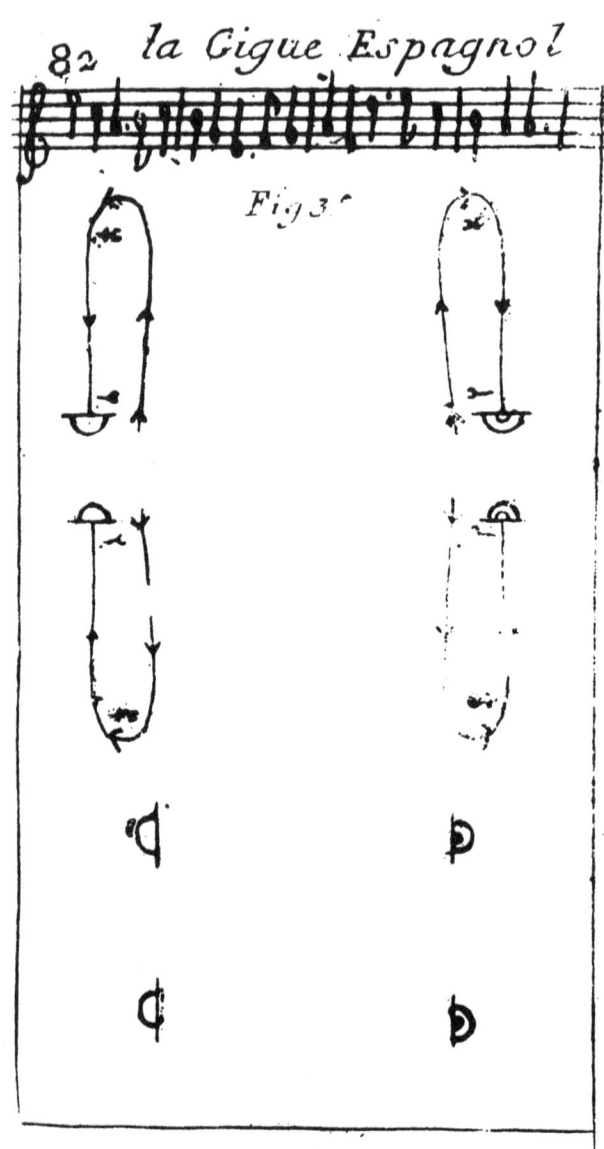

Fig 3.

la Gigue Espagnol 83

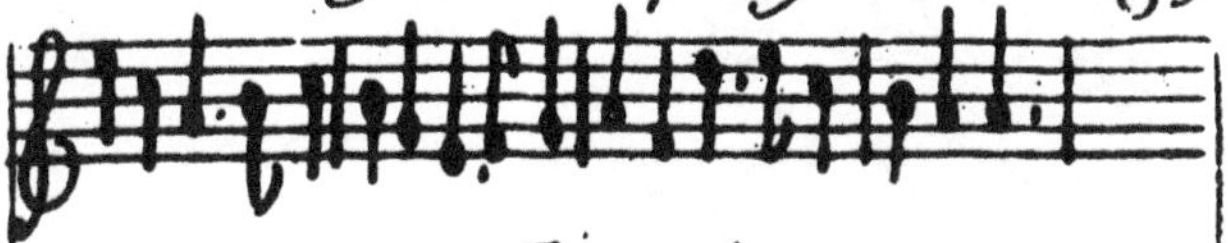

Fig. 4.e

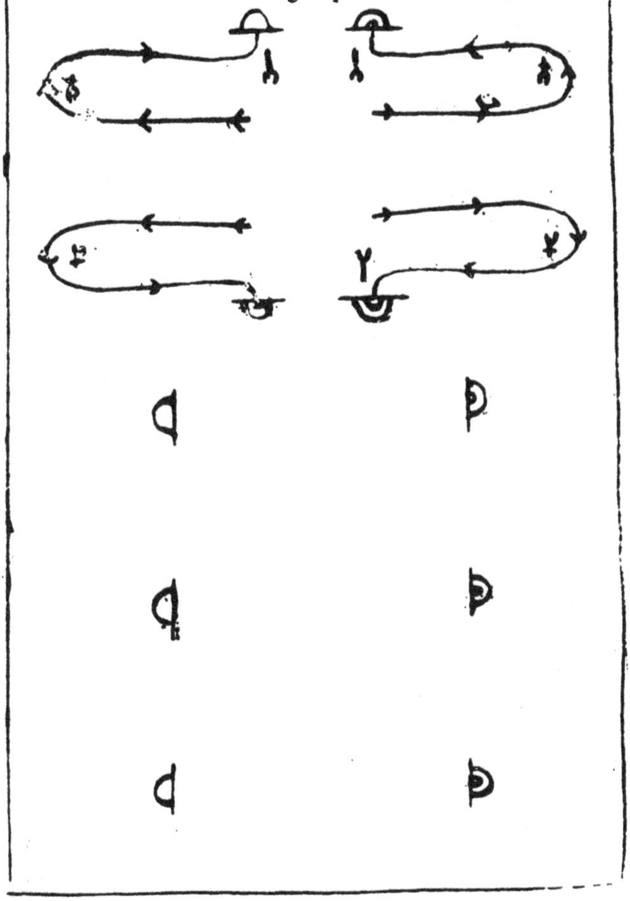

84 la Gigue Espagnol

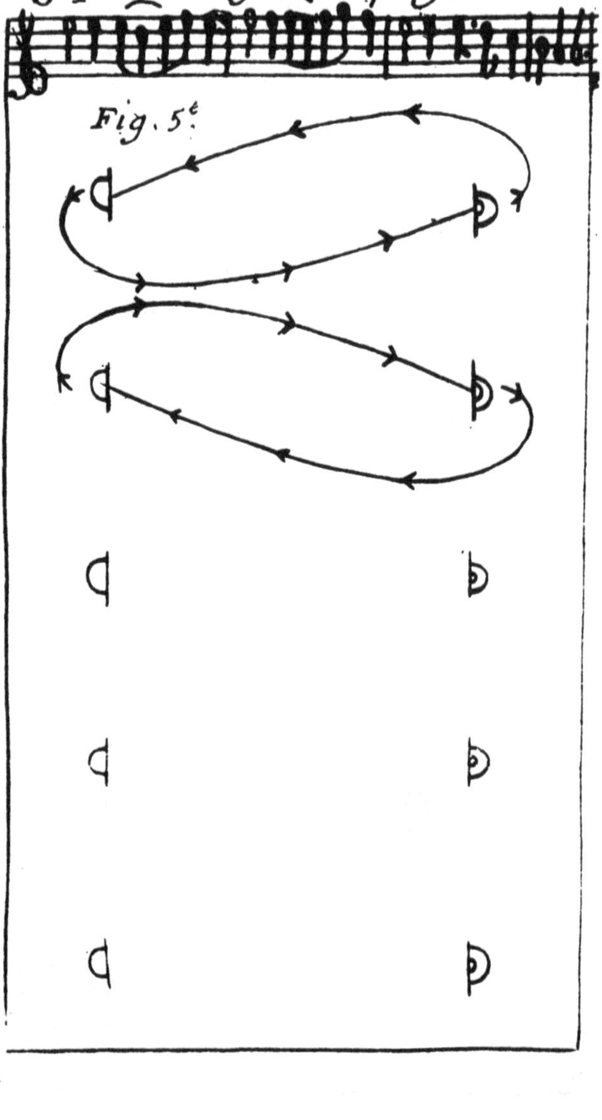

Fig. 5.ᵉ

la Gigue Espagnol   85

Fig. 6.ᵉ

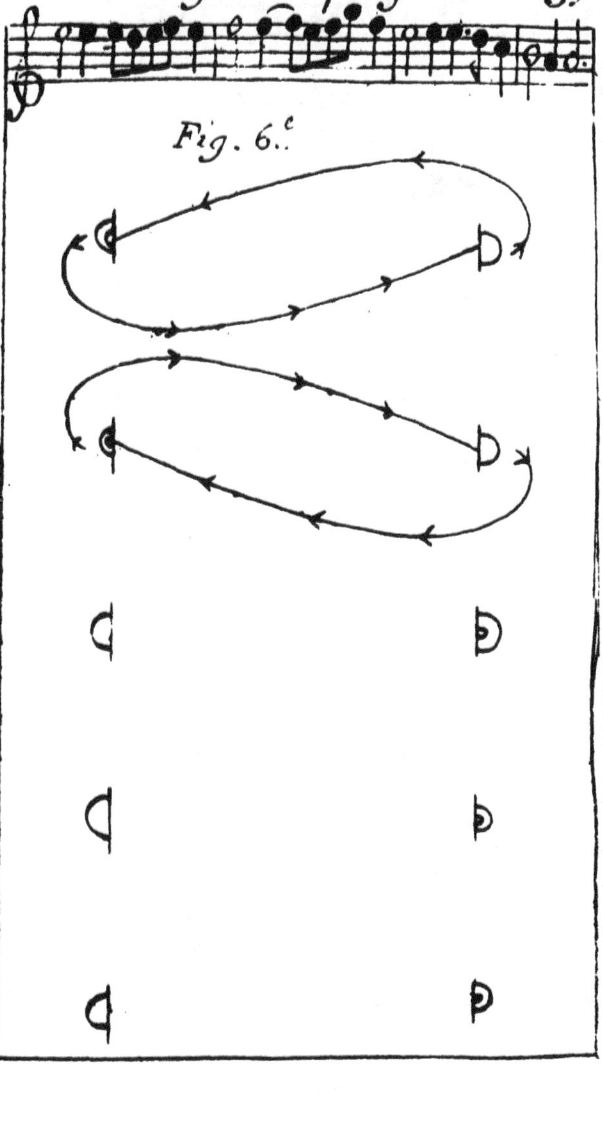

86 la Gigue Espagnol

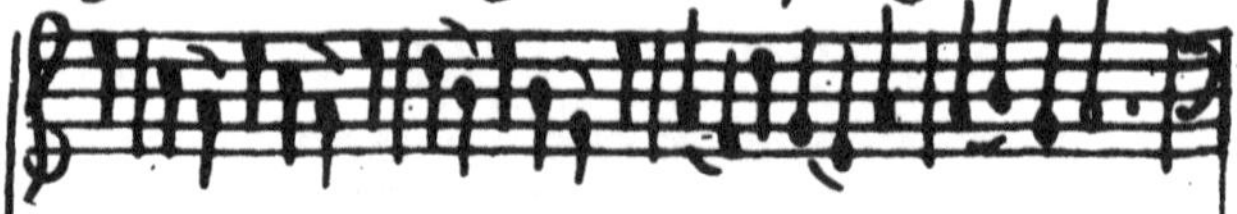

Fig. 7.ᵉ

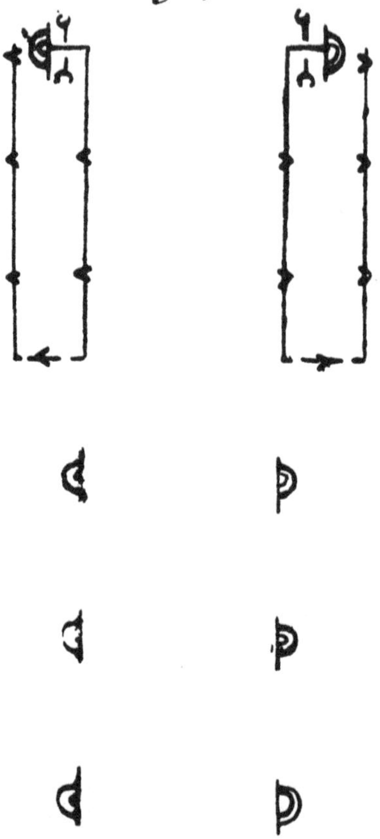

la Gigue Espagnol 87

Fig. 8.

Fin

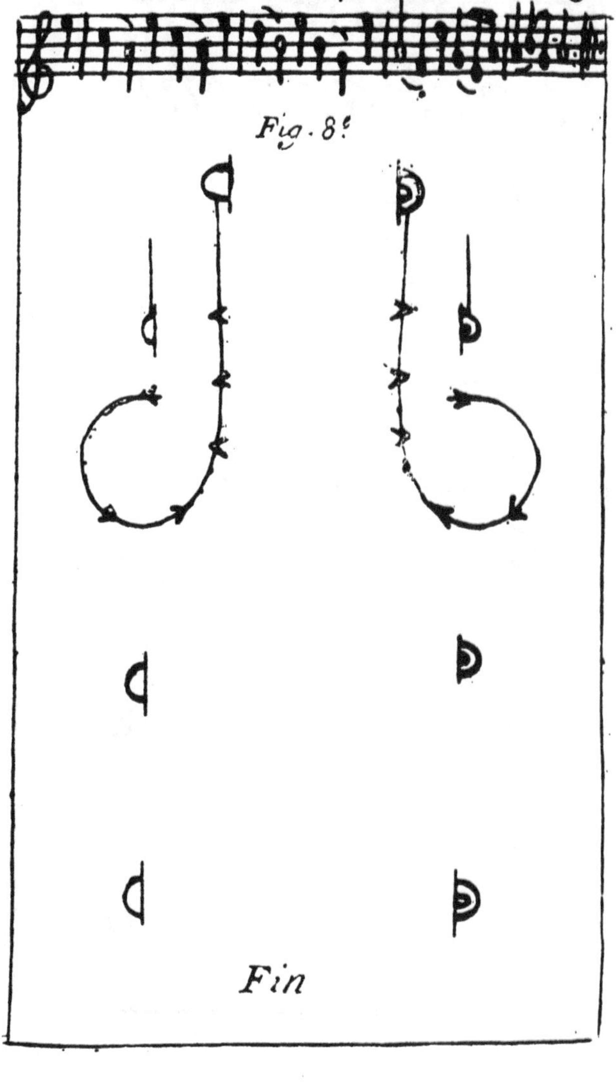

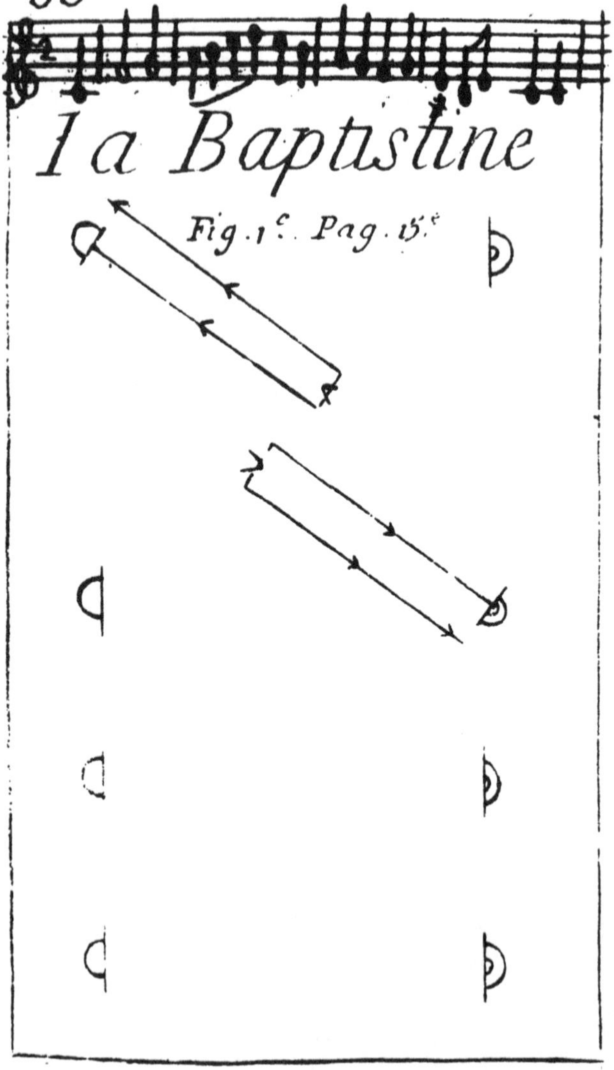

88

la Baptistine

Fig. 1. *Pag. 15.*

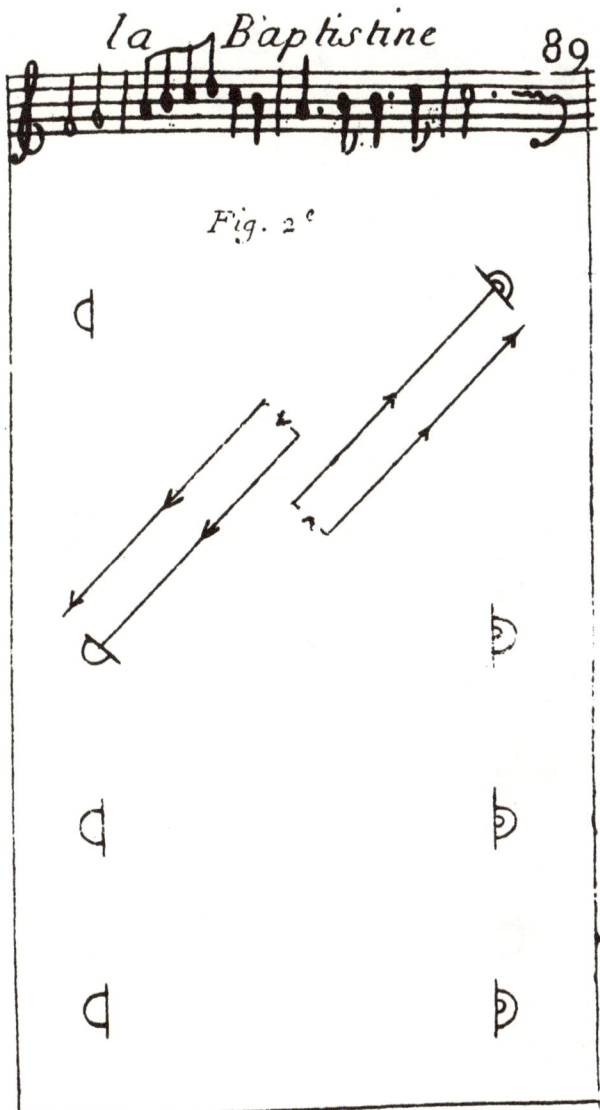

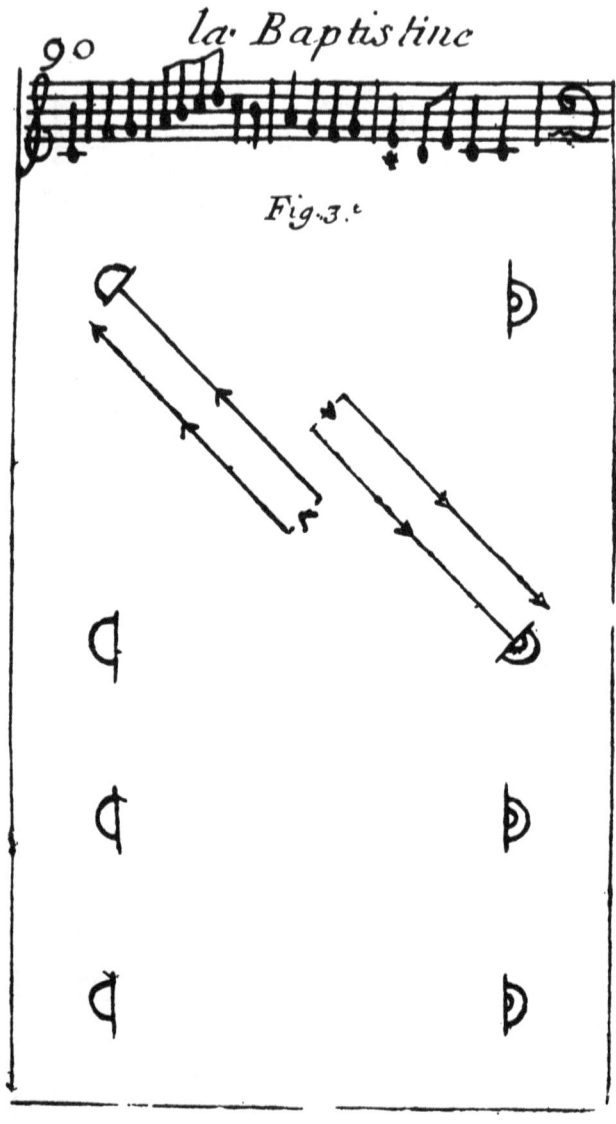

Fig. 3.

la Baptistine

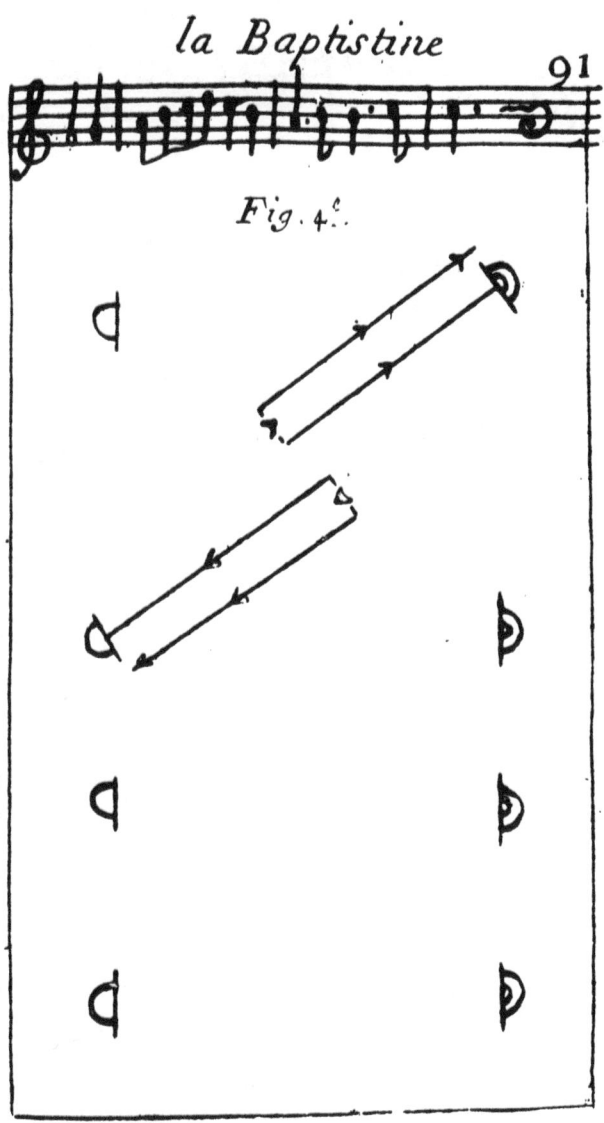

Fig. 4.

92   la Baptistine

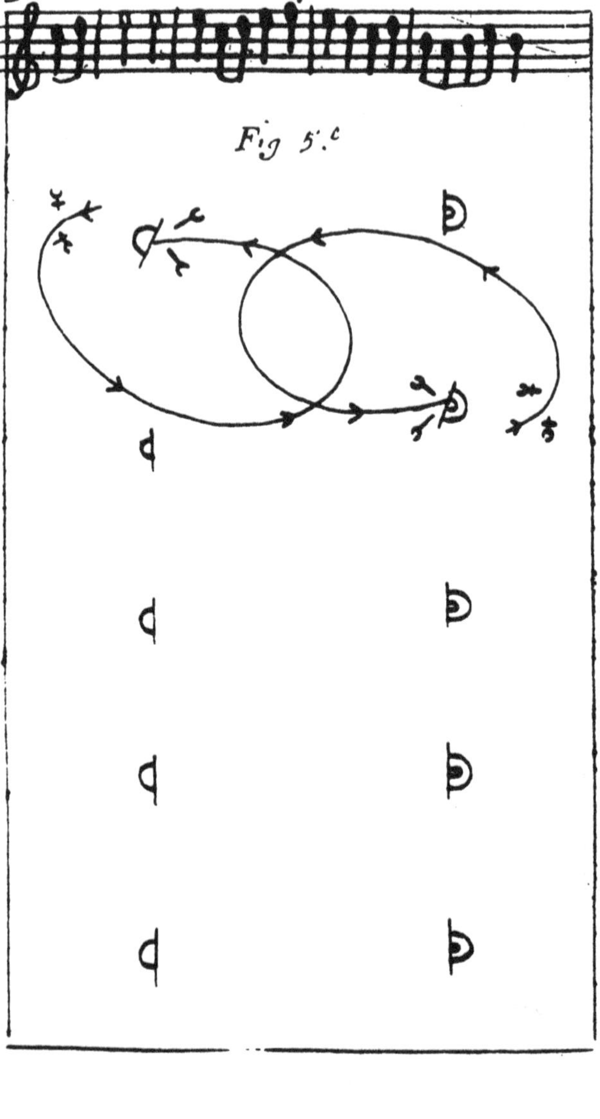

Fig 5.ᵉ

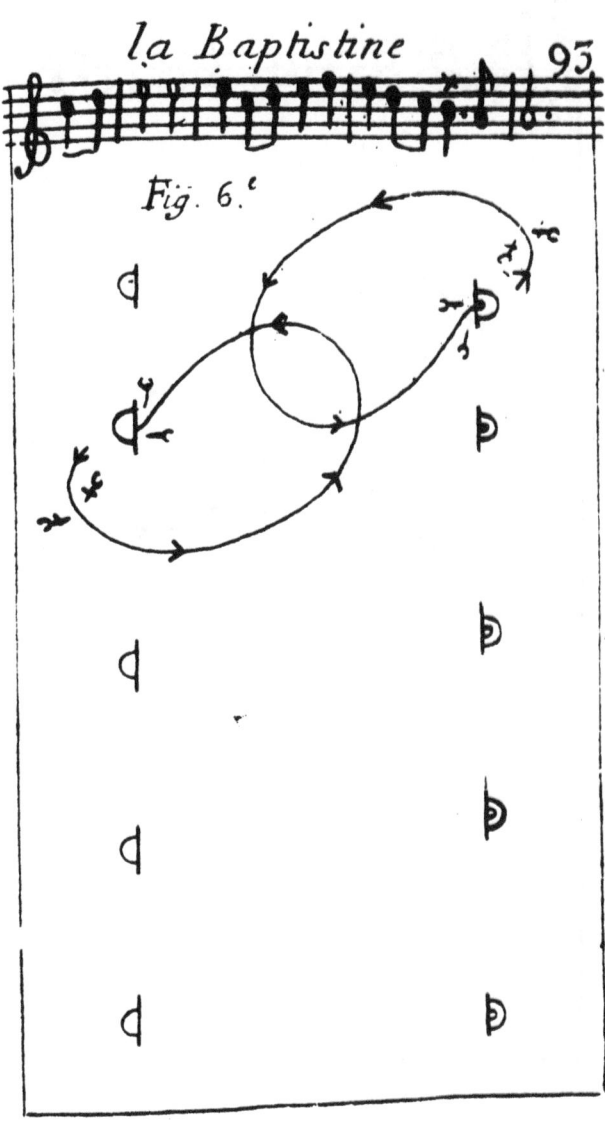

Fig. 6.

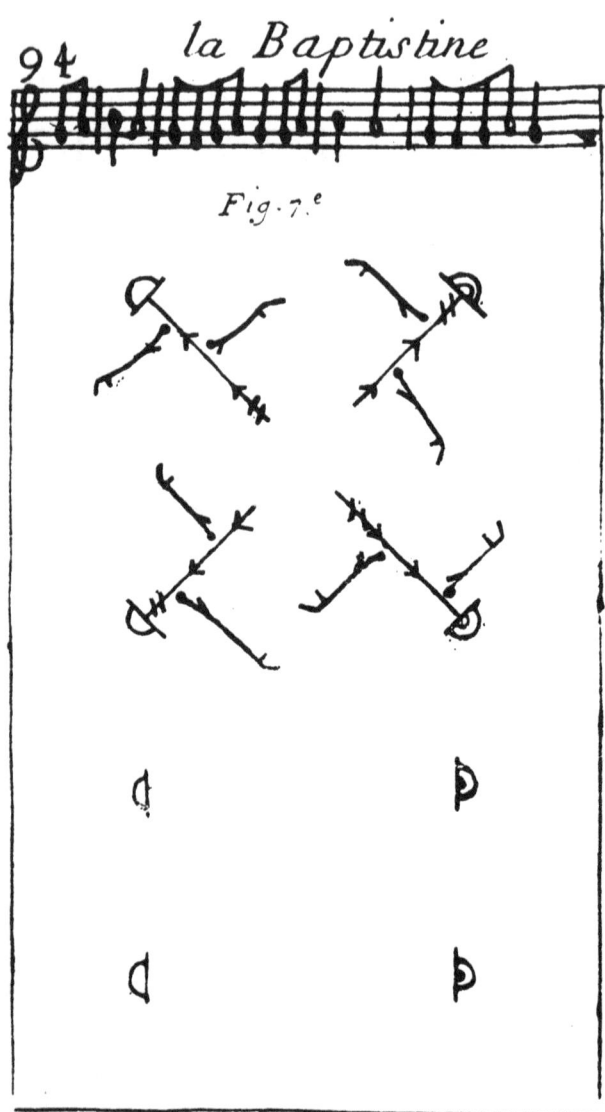

la Baptistine
95

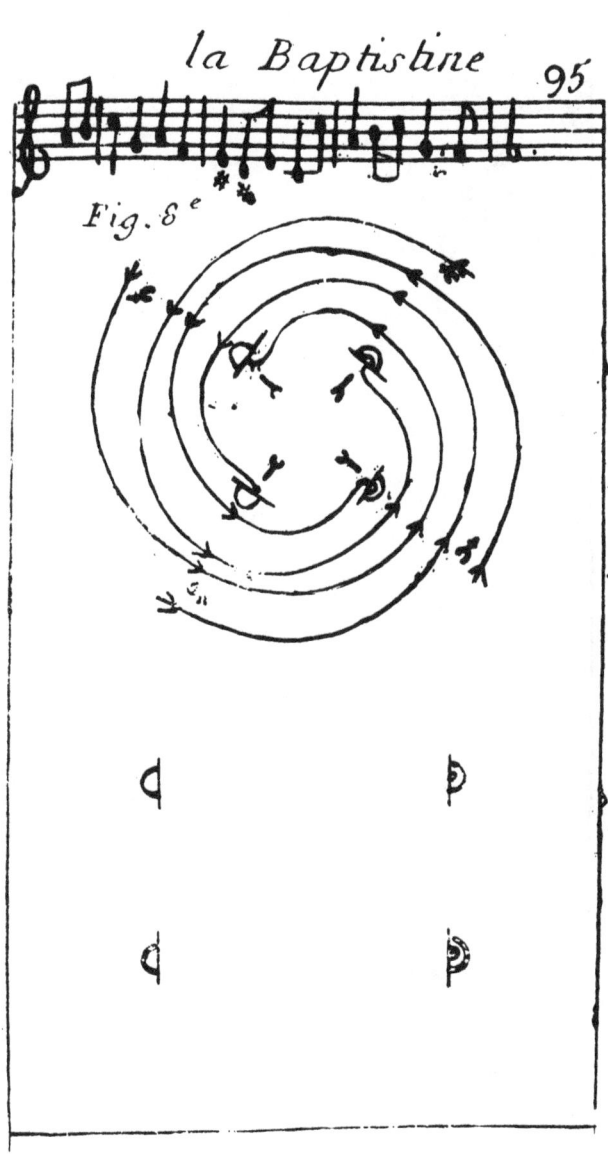

Fig. 8ᵉ

96 la Baptistine

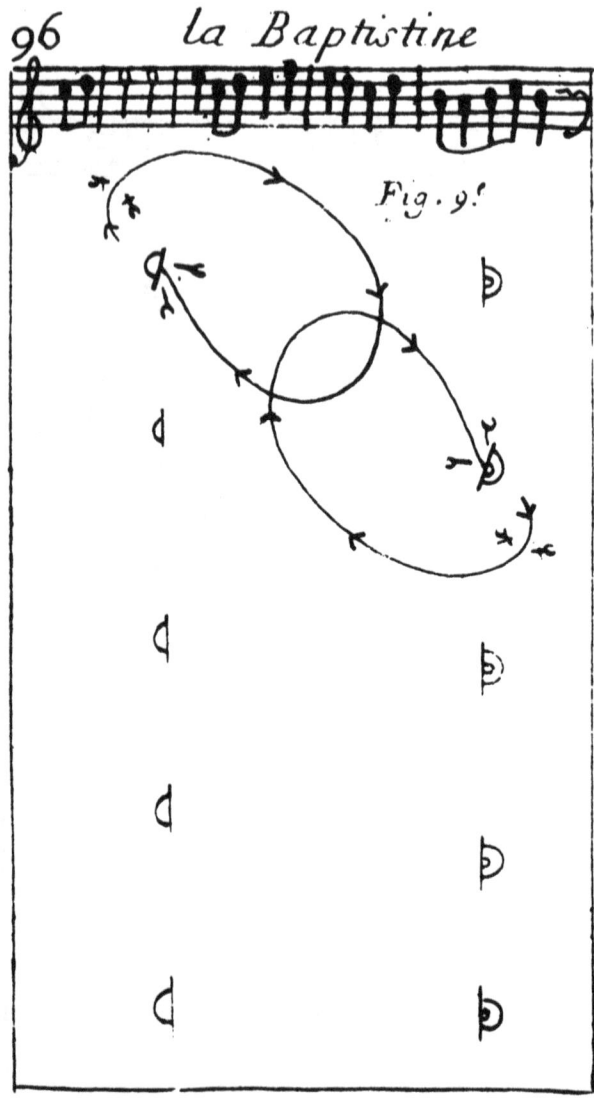

Fig. 9.

la Baptistine

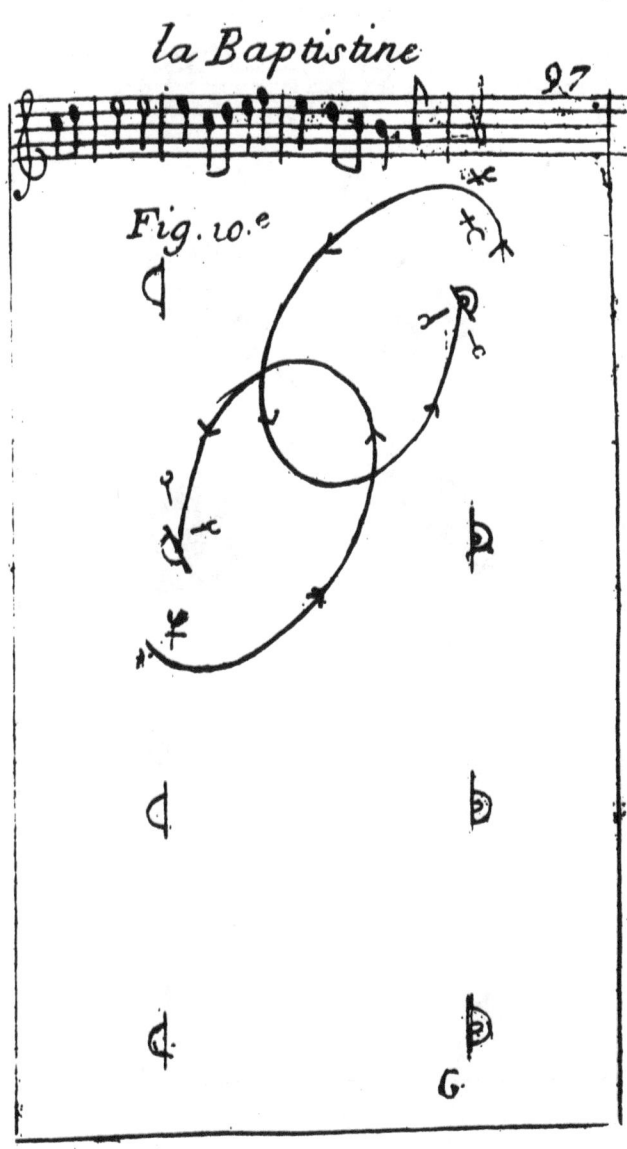

Fig. 10.e

98　　*la Baptistine*

Fig. 11.^e

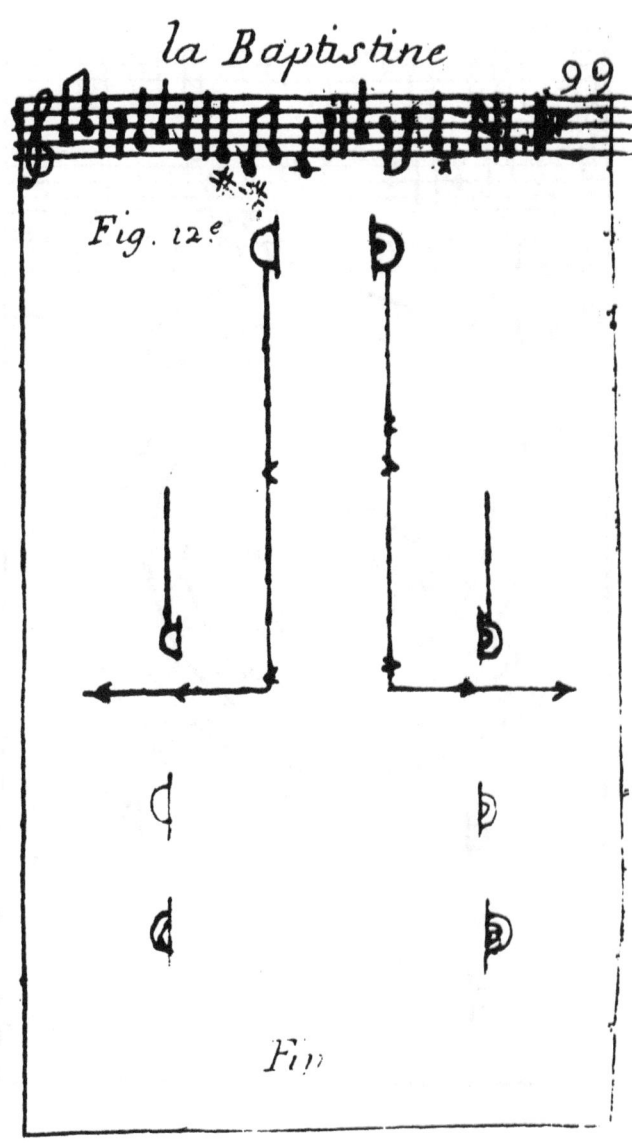

Fig. 12.

Fin

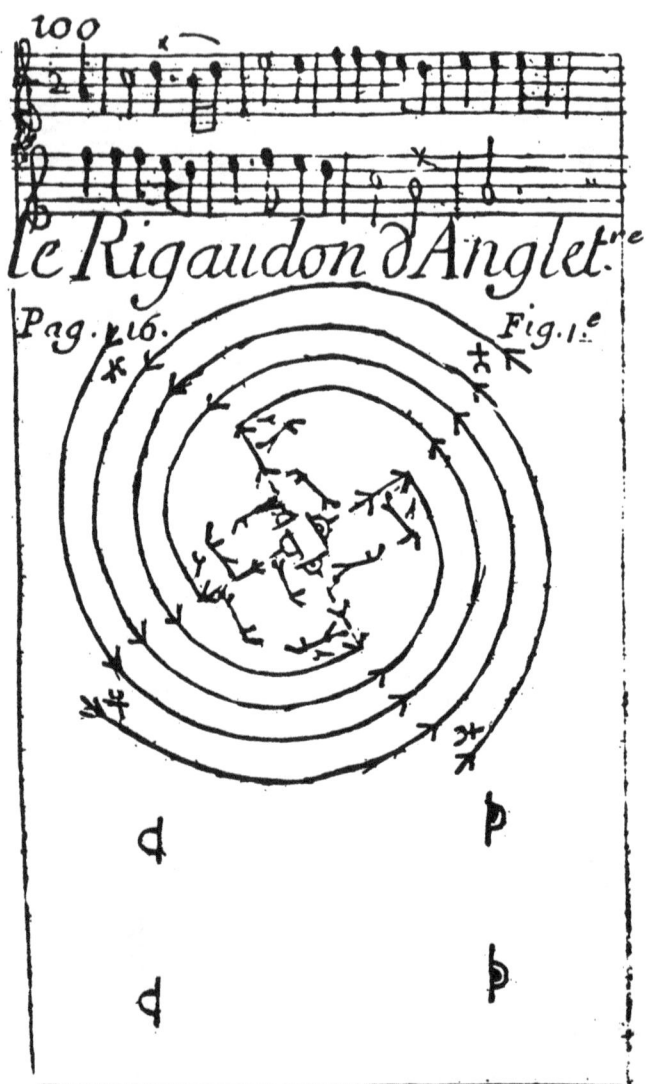

le Rigaudon d'Angleterre 101

Fig. 2.e

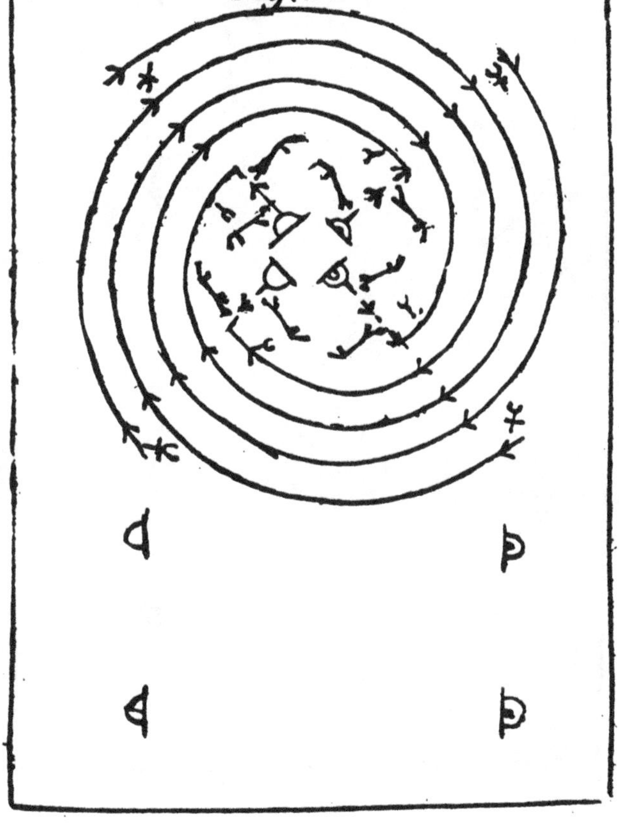

102 le Rigaudon d'Angleterre

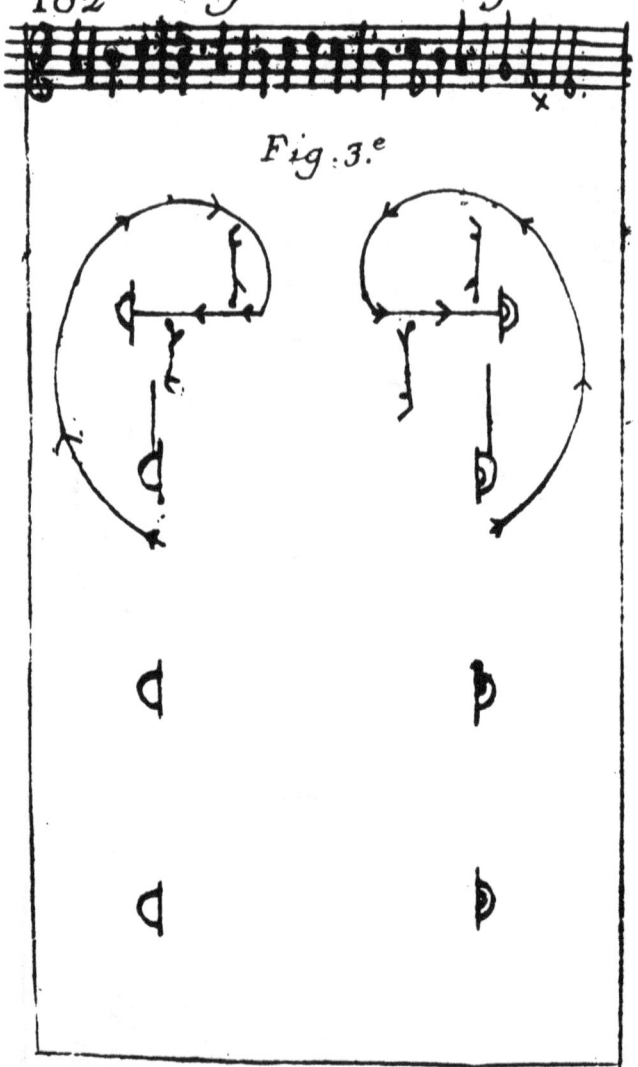

Fig. 3.^e

le Rigaudon d'Angleterre 103

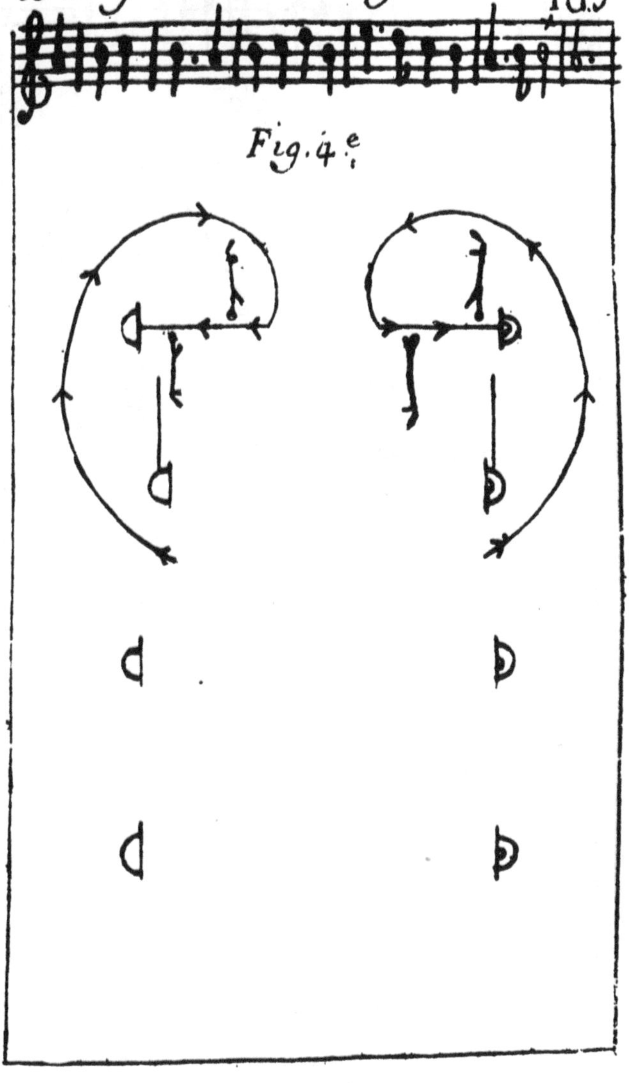

Fig. 4.e

104 *le Rigaudon d'Angleterre*

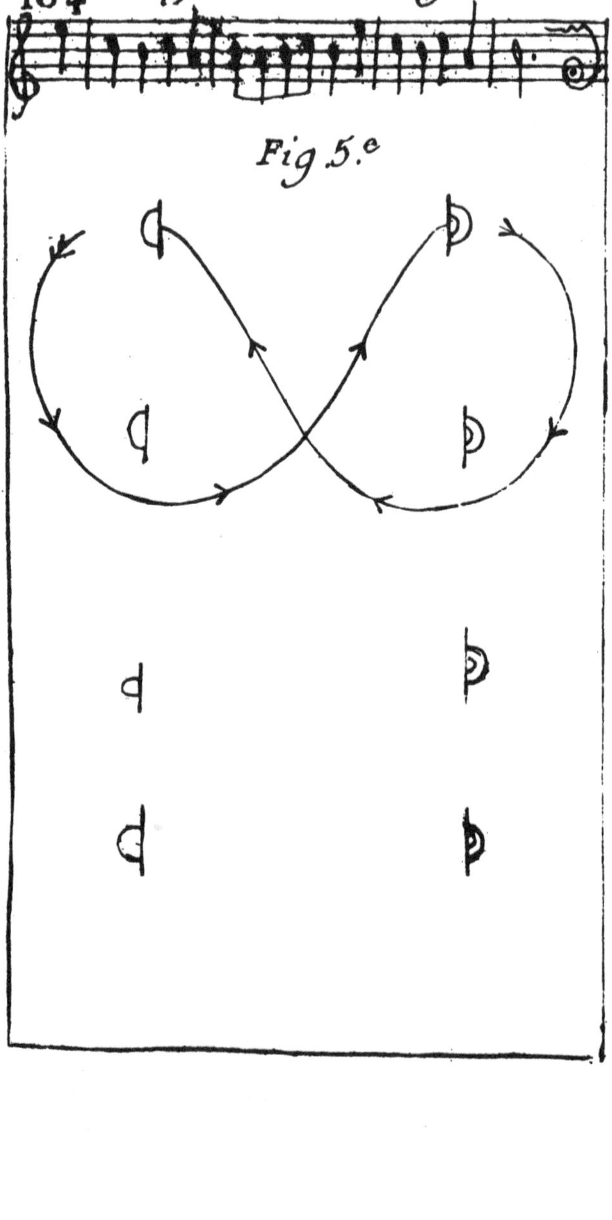

Fig 5.ᵉ

le Rigaudon d'Angleterre

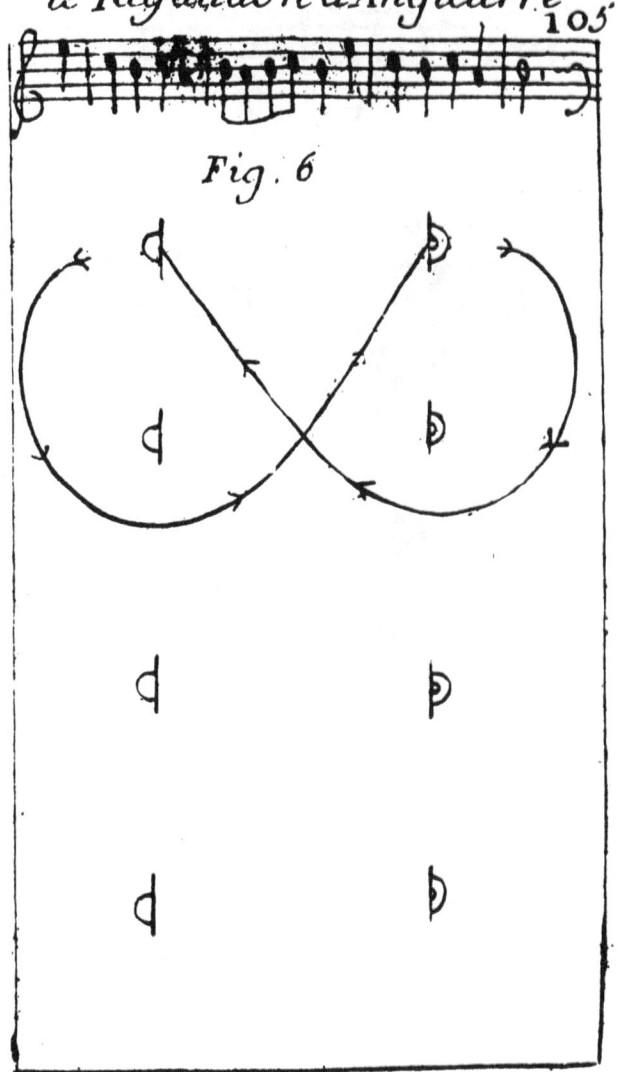

Fig. 6

106 *le Rigaudon d'Angleterre*

Fig. 7.e

le Rigaudon d'Angleterre 107

Fig. 8.ᵉ

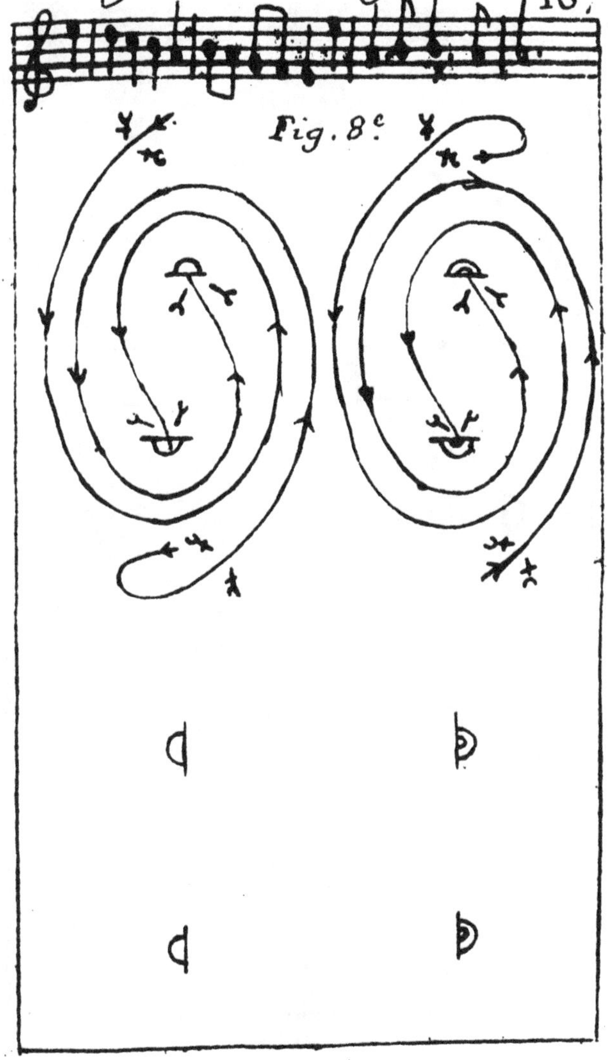

108 le Rigaudon d'Angleterre

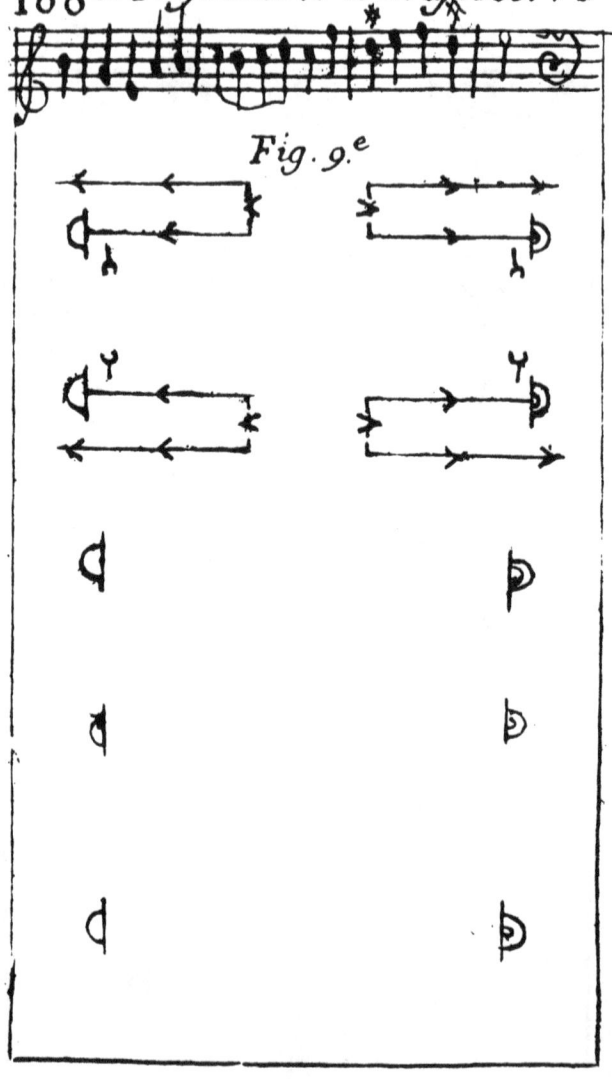

Fig. 9.e

le Rigaudon d'Angleterre
109

Fig. 10ᵉ

Fin

ha-Voyés donc.

Pag. 18. Fig. 1.e

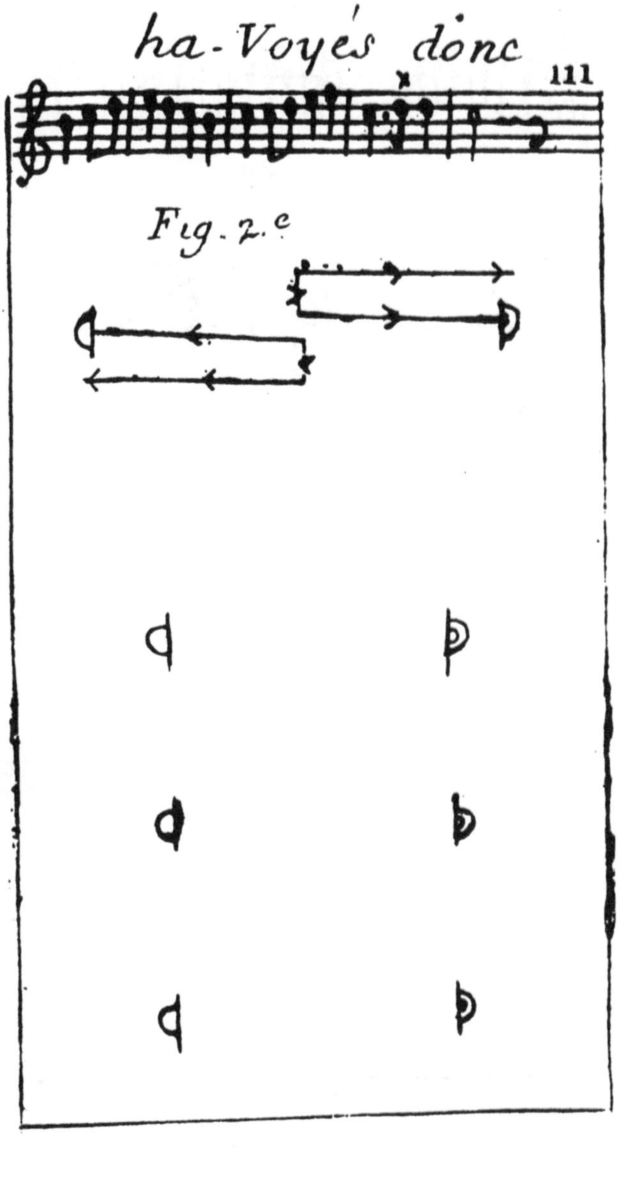

ha-Voyés donc

Fig. 2.ᵉ

112 *Havoyés donc*

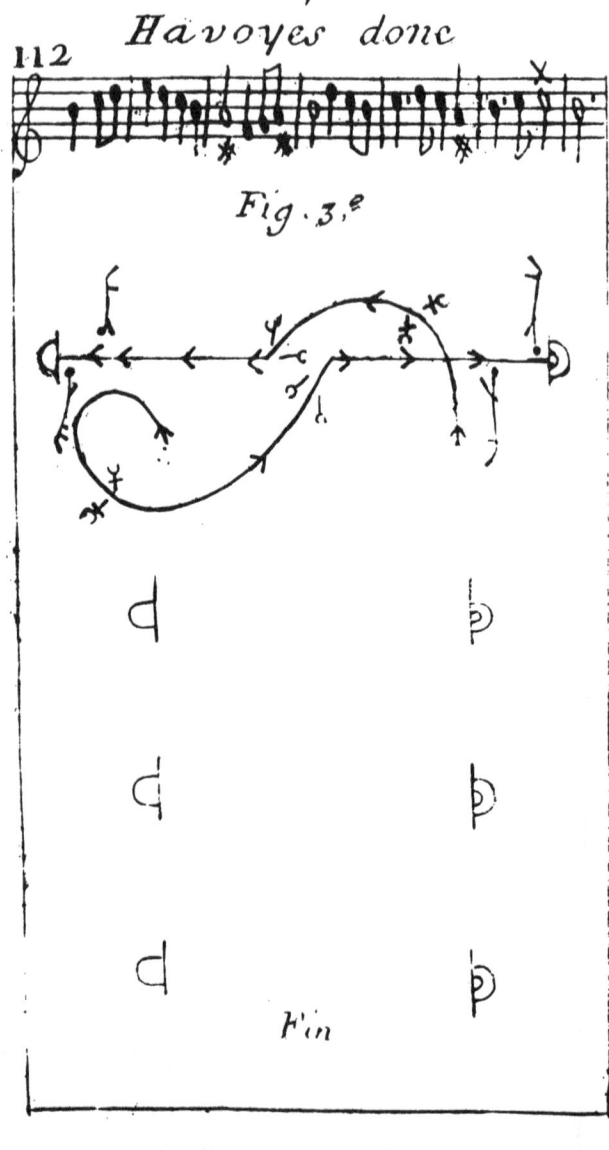

Fig. 3.ᵉ

Fin

les Mariniers

Pag. 15. Fig. 1ᵉ

H

les Mariniers

Fig. 2ᵉ

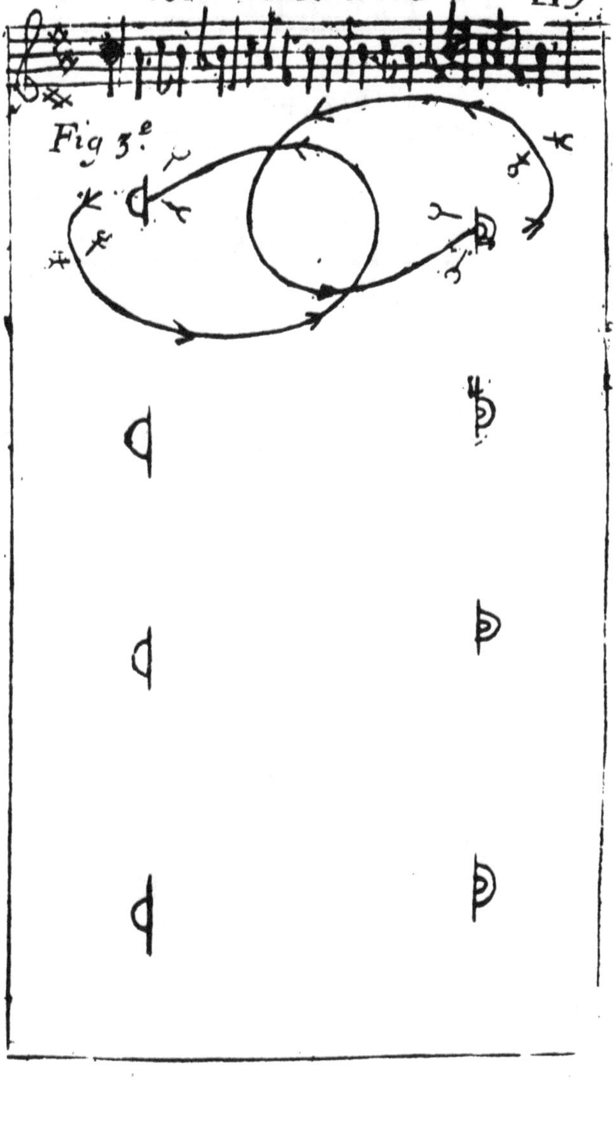

les Mariniers 115

Fig 3.

116 les Mariniers

Fig. 4.e

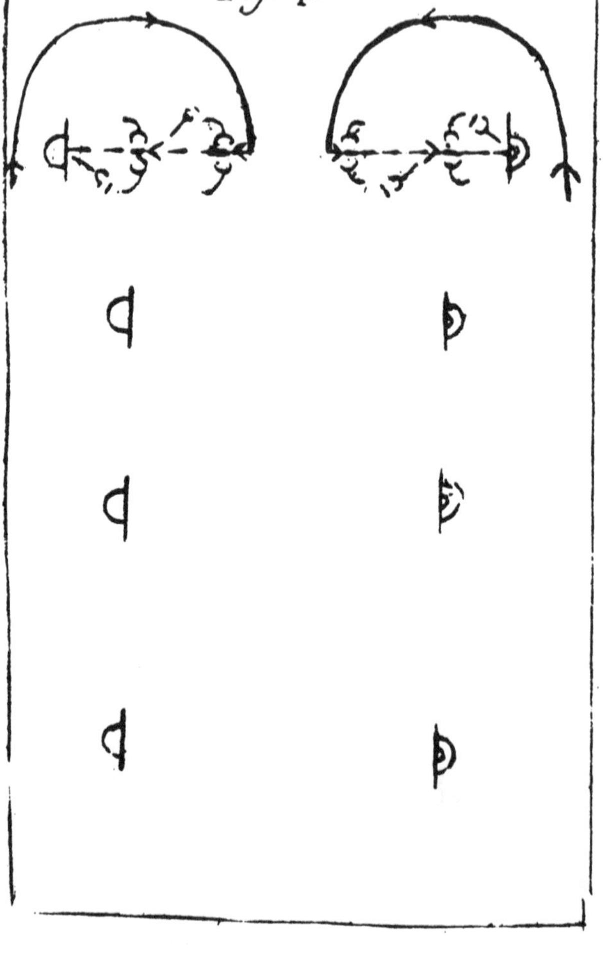

les Mariniers

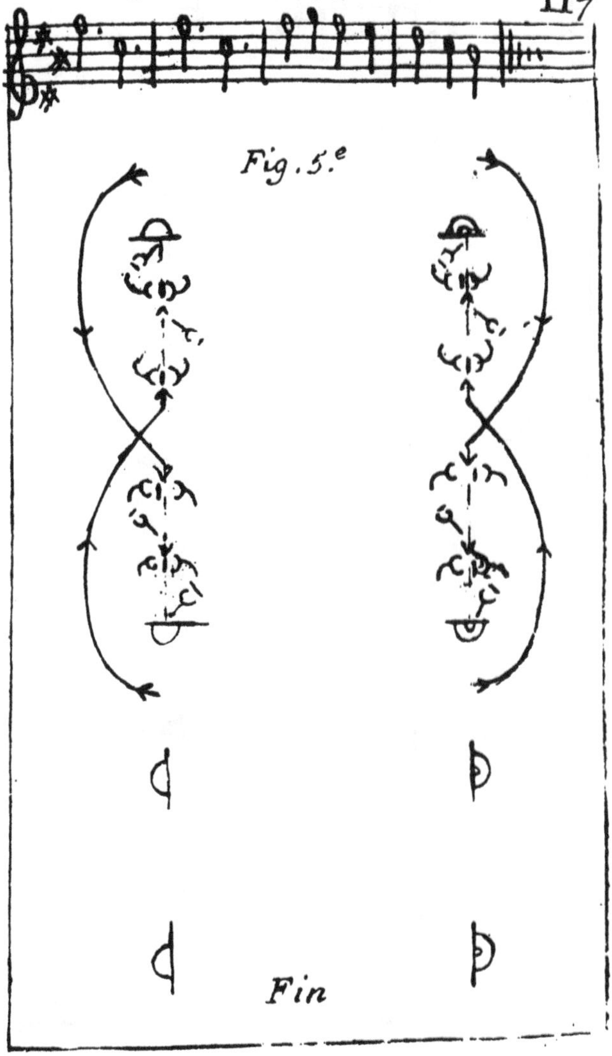

Fig. 5.ᵉ

Fin

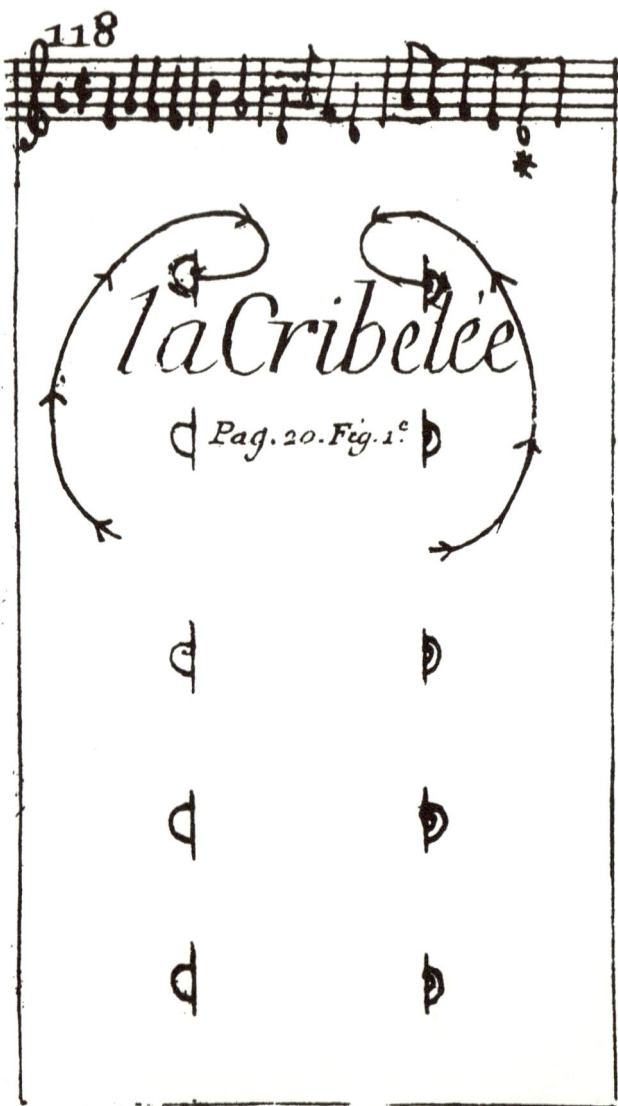

la tribelee 119

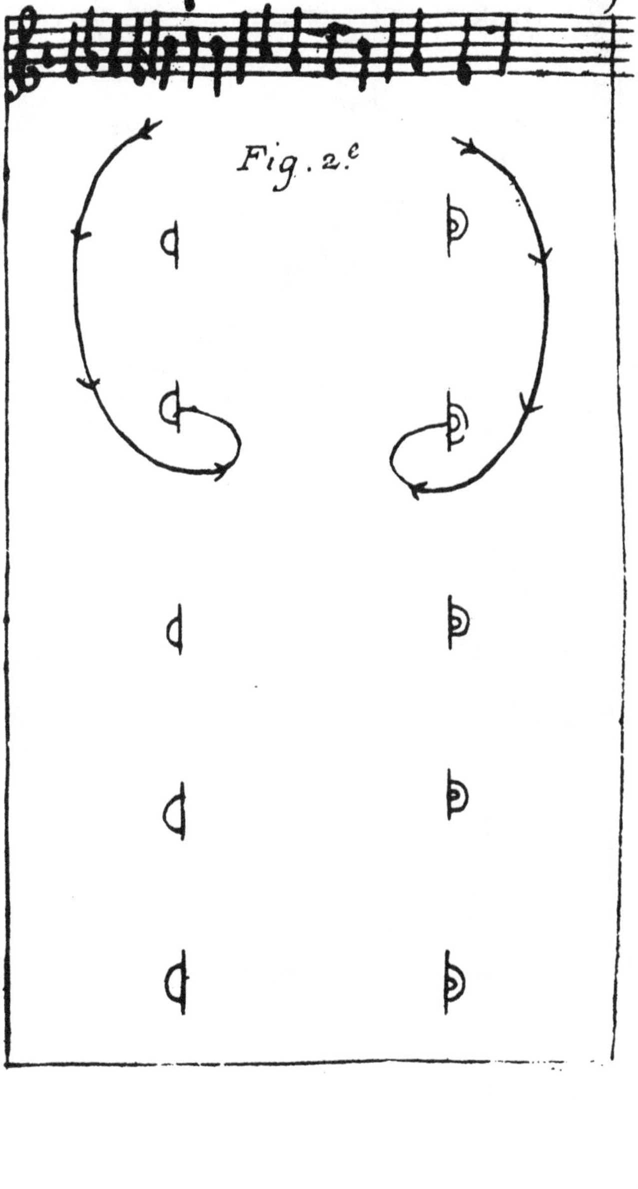

Fig. 2.e

la Cribelée

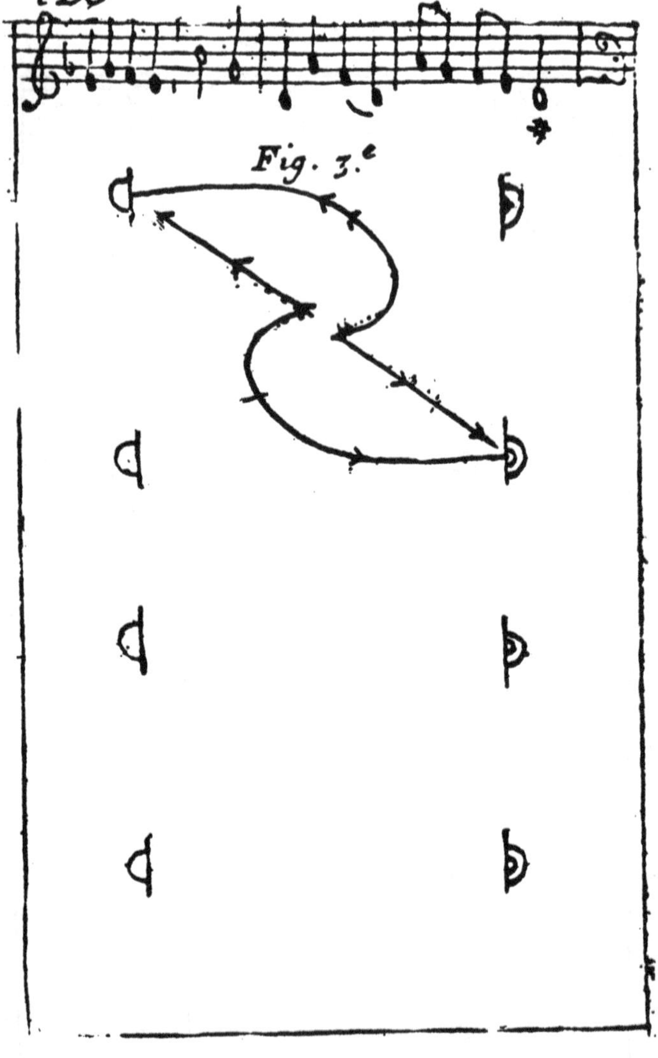

120

Fig. 3.^e

La Cribelée

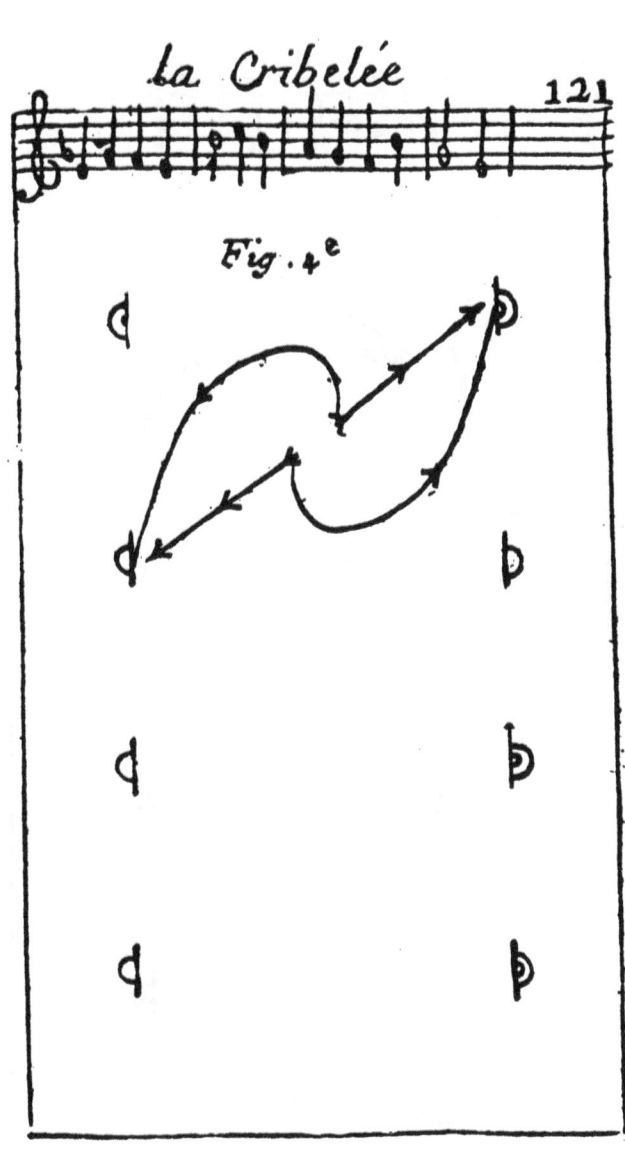

Fig. 4ᵉ

la Cribelee

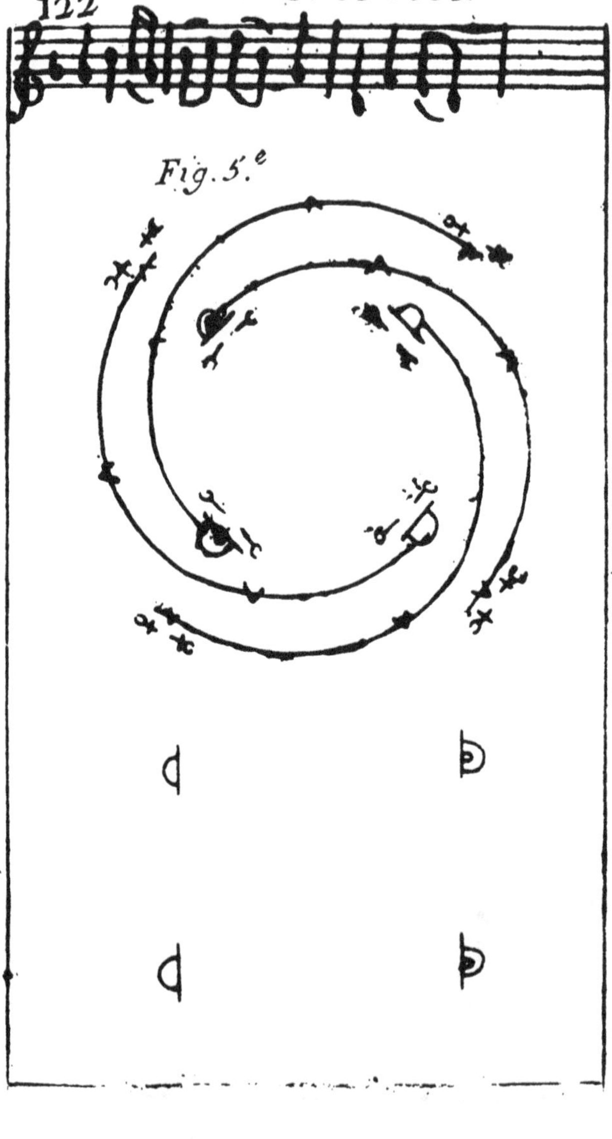

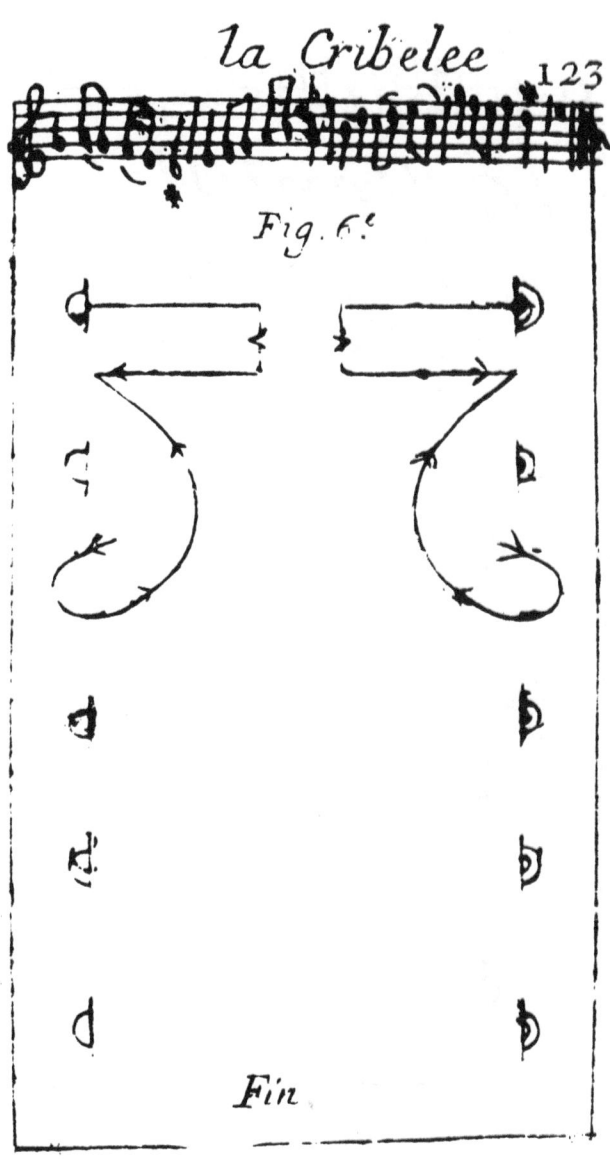

Fig. 6.

Fin

la Gentilly

Pag. 21.   Fig. 1.ᵉ

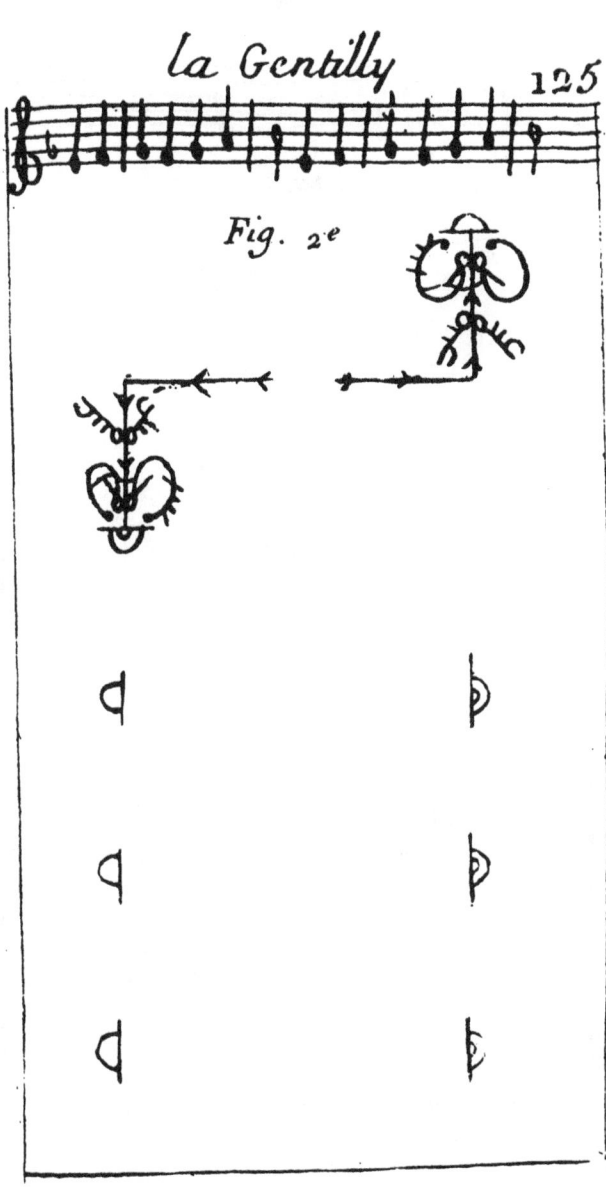

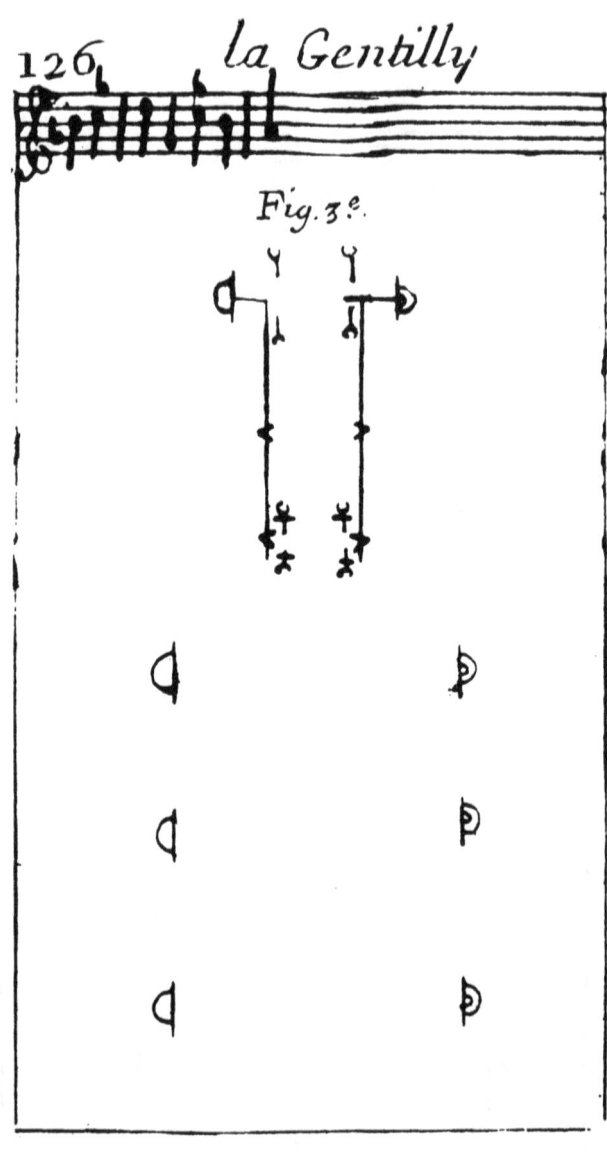

la Gentilly. 127

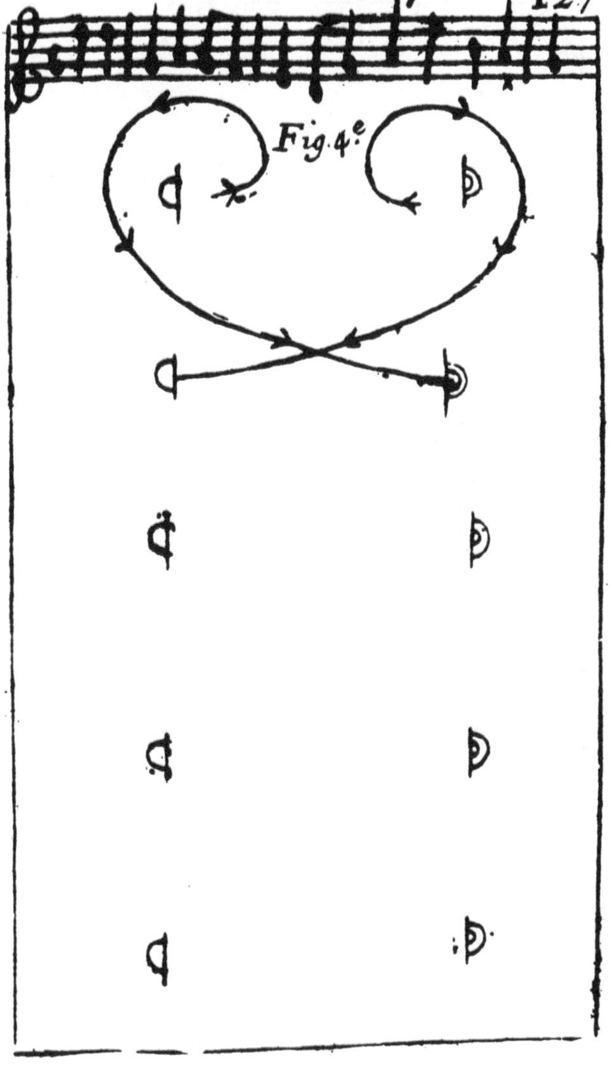

Fig. 4.

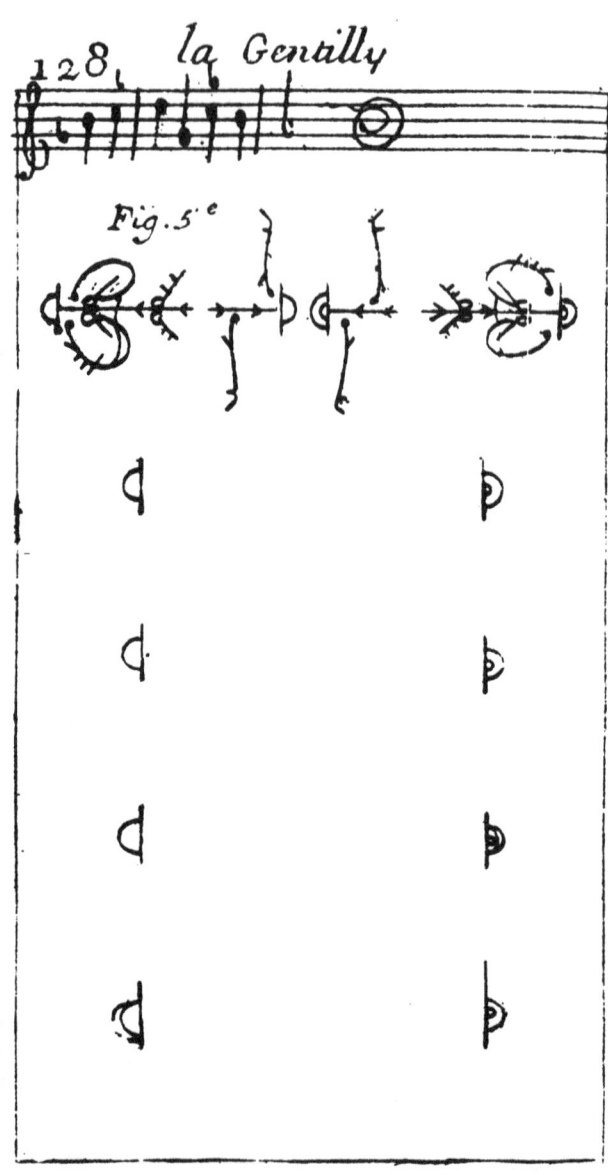

là Gentilly 129

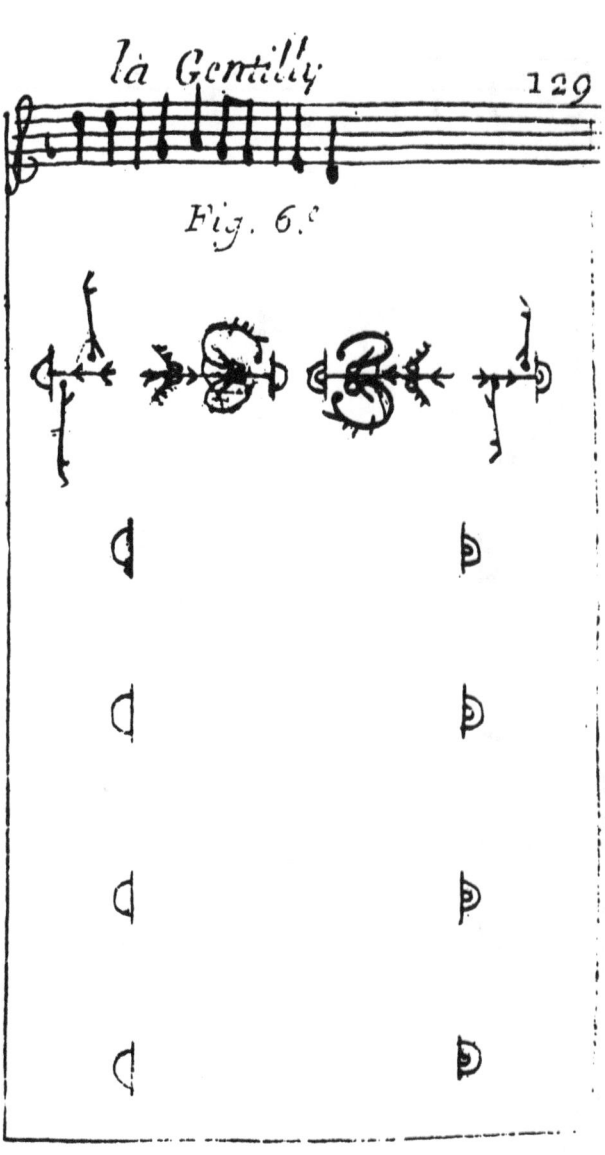

Fig. 6.e

130 *la Gentilly*

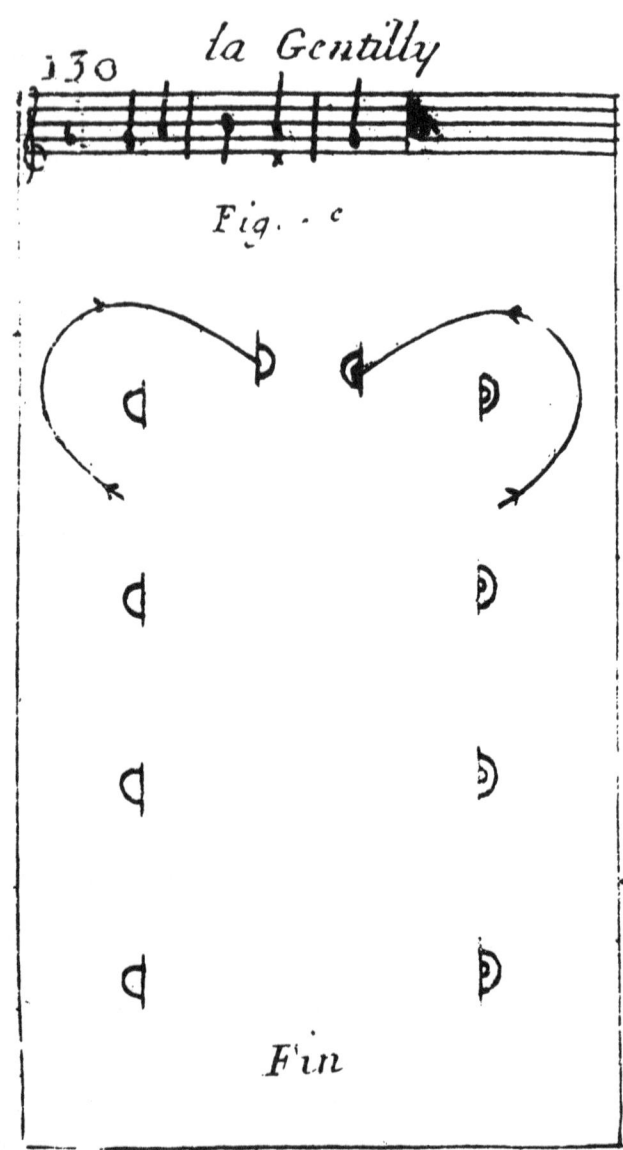

Fig.. e

Fin

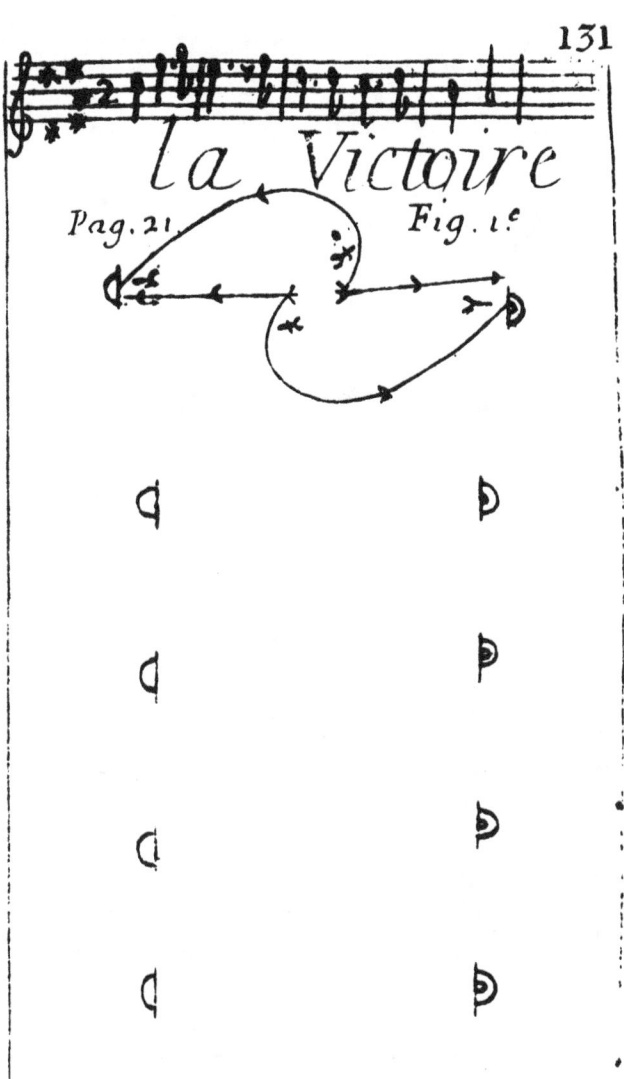

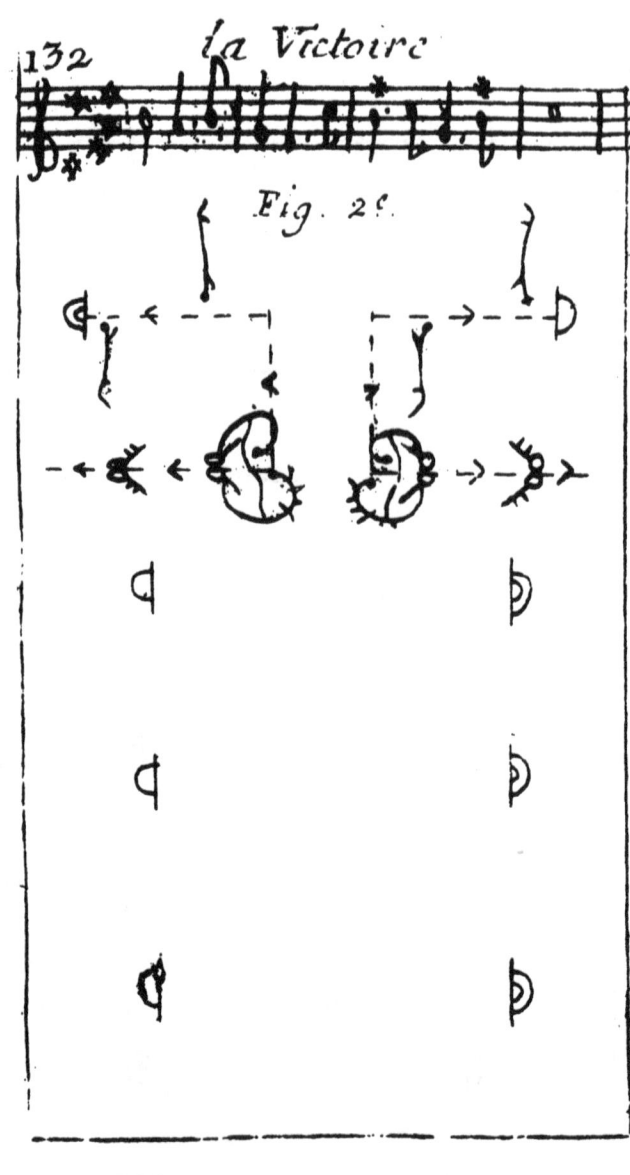

la Victoire

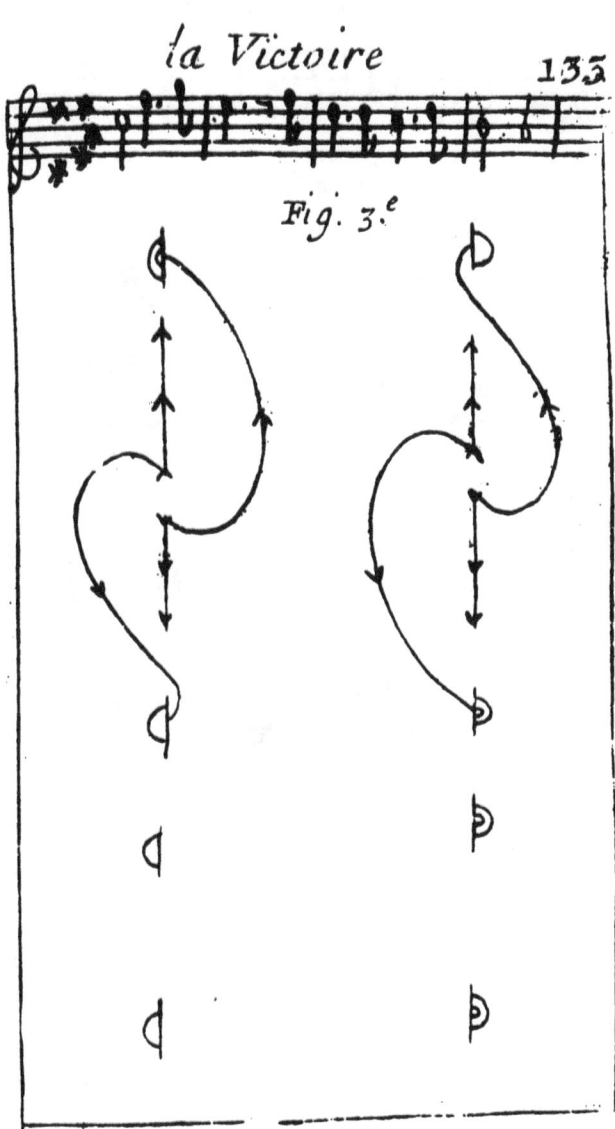

Fig. 3.ᵉ

134 *la Victoire*

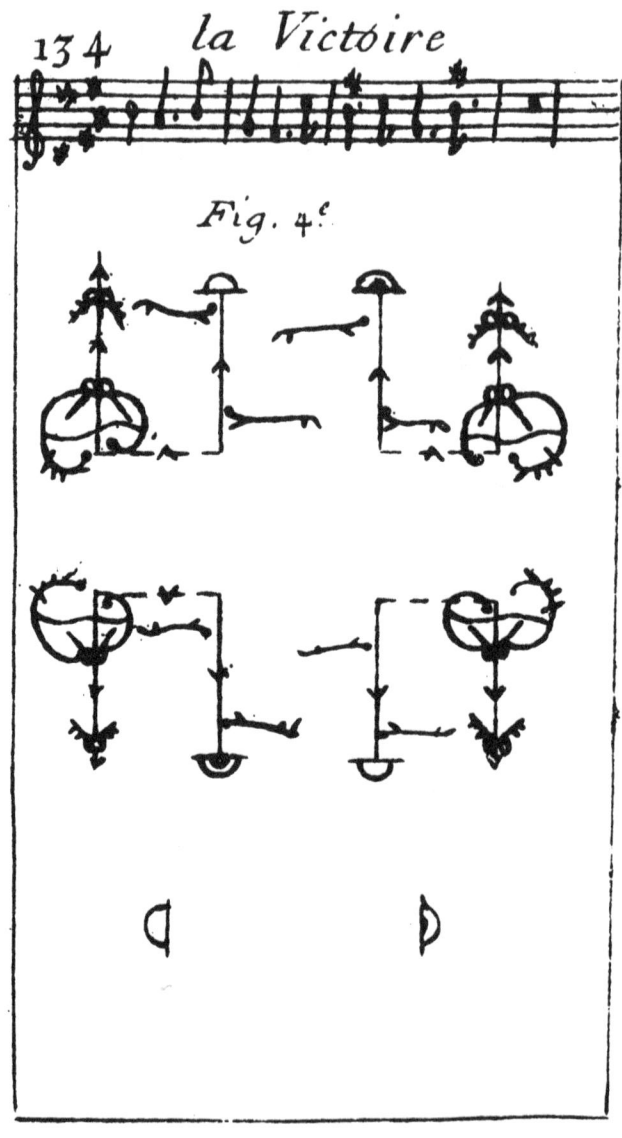

Fig. 4.

la Victoire. 135

Fig. 5ᵉ

156 la Victoire

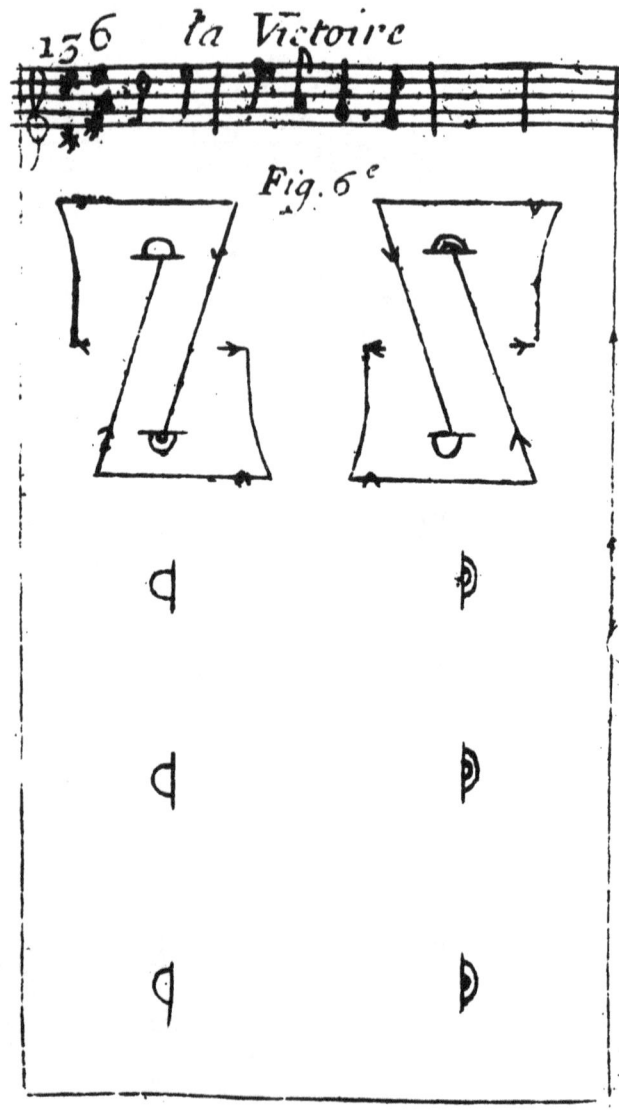

Fig. 6.e

la Victoire 137

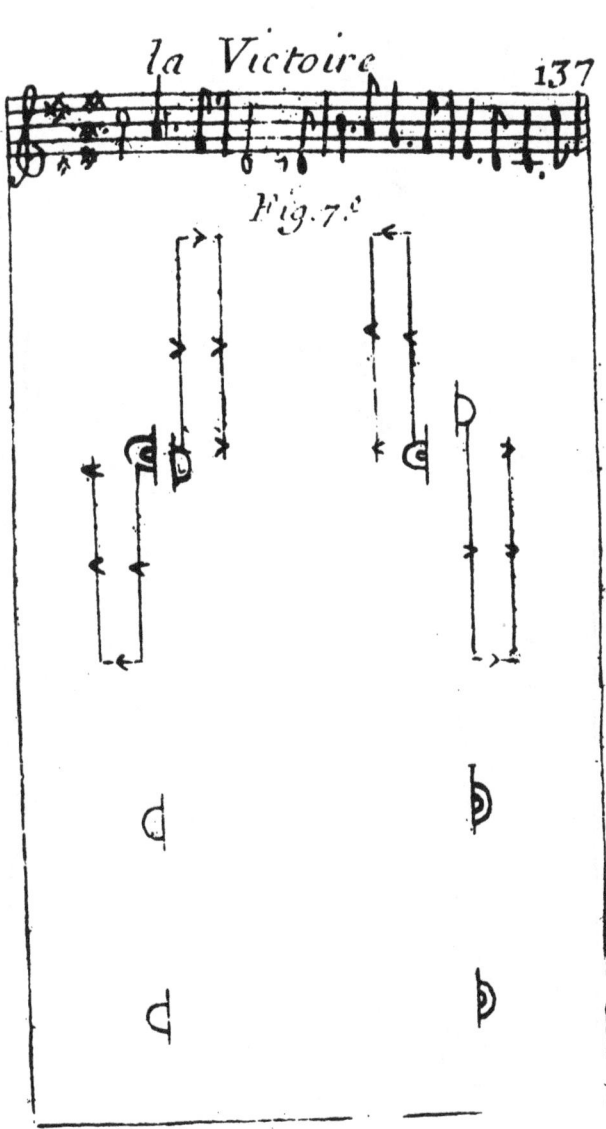

Fig. 7.e

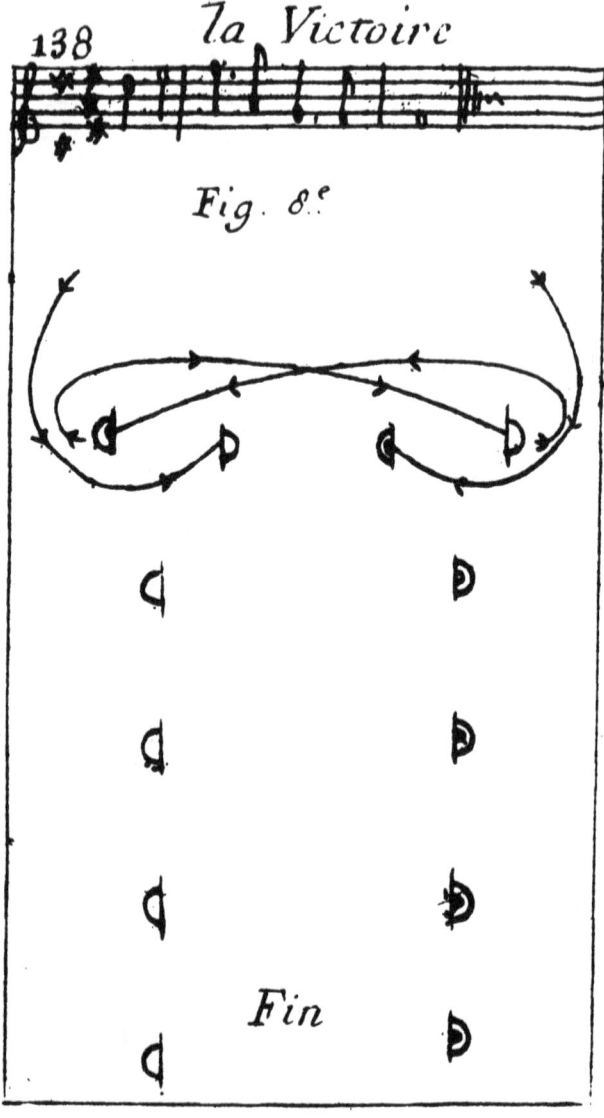

Milord Biron

Pag. 22   Fig. 1.

140 Milord Biron

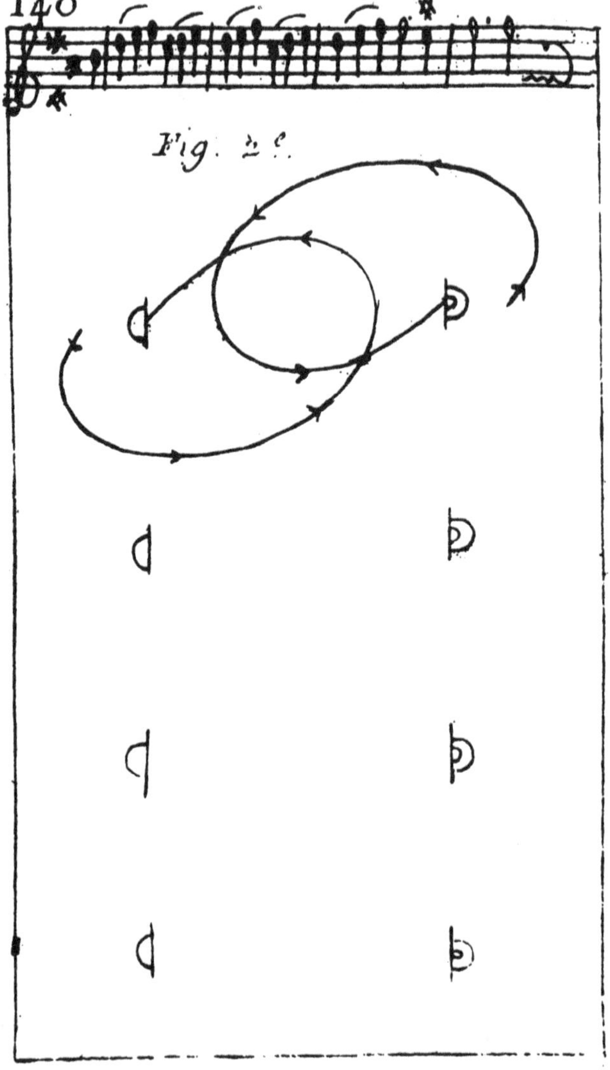

Fig. 2.

Milord Biron 141

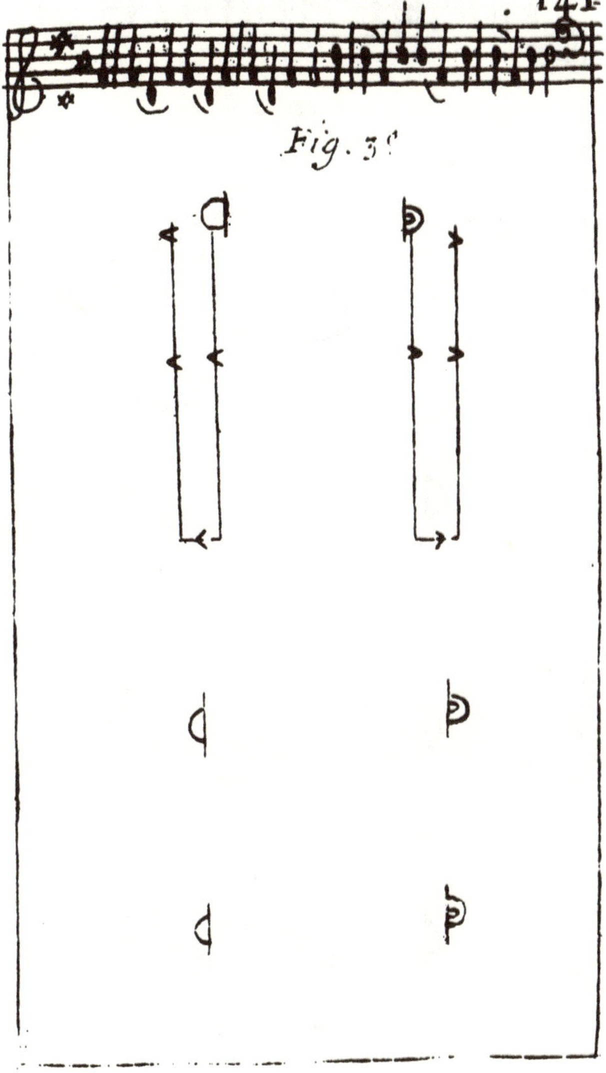

Fig. 3.

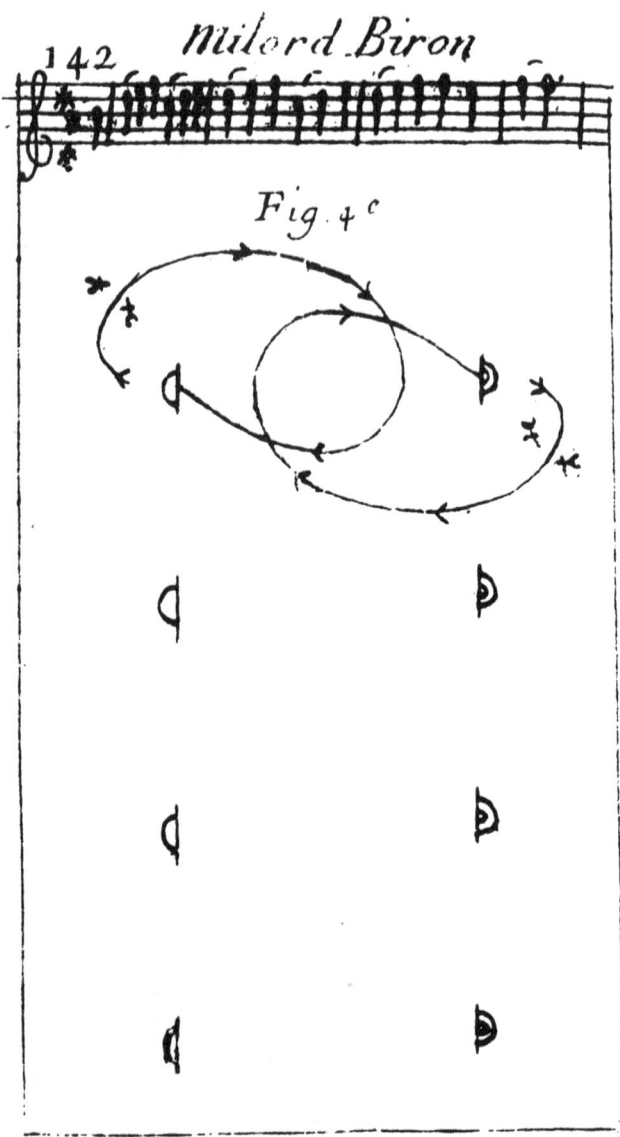

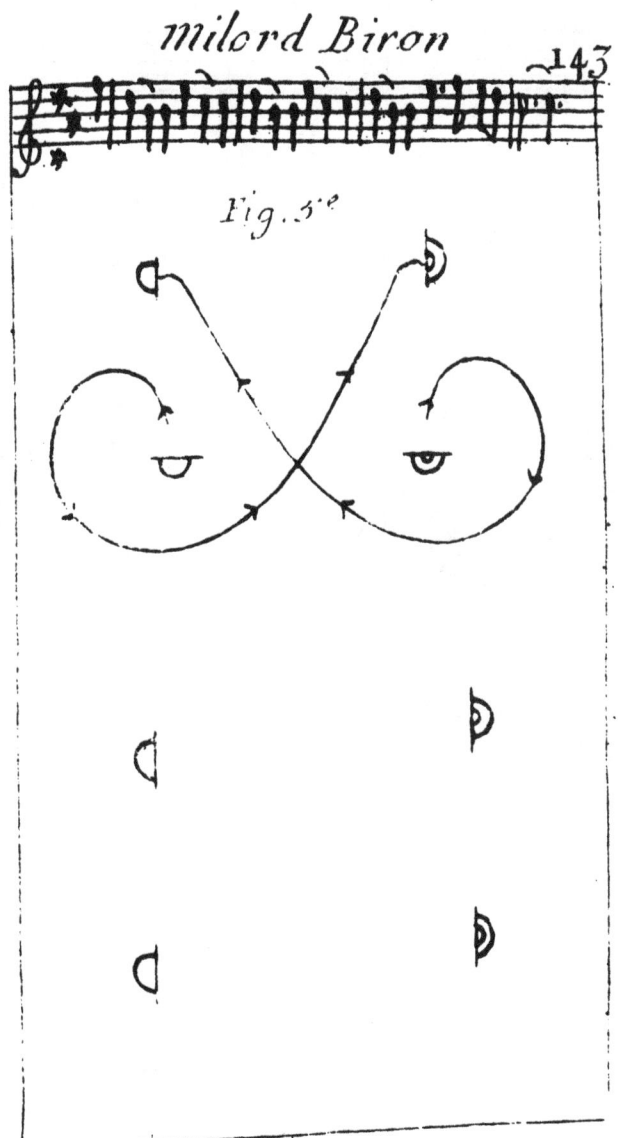

144   *Milord Biron*

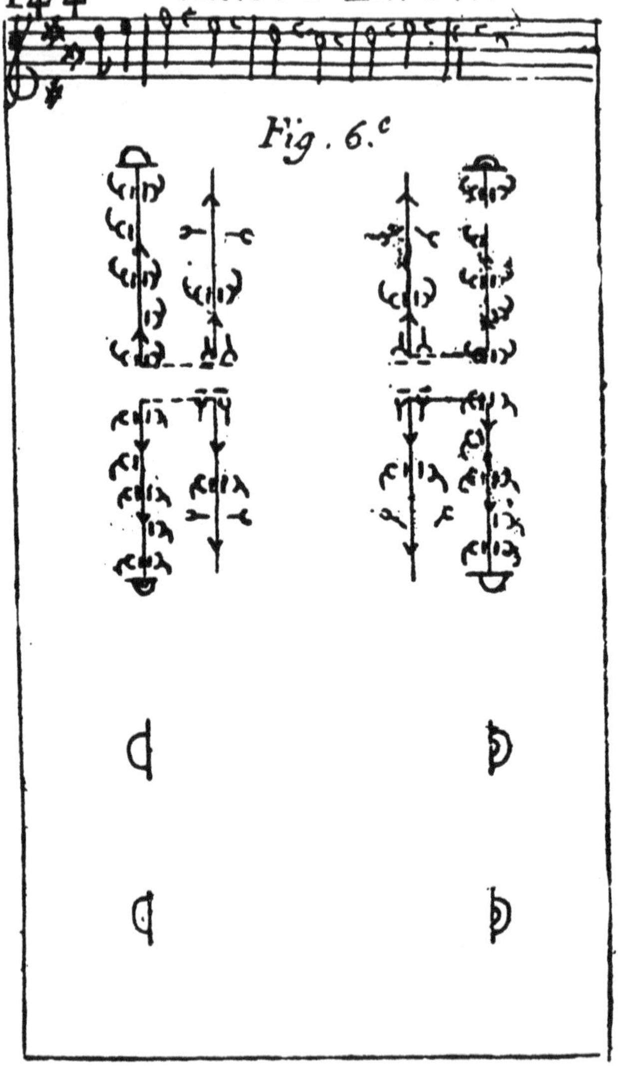

Fig. 6.ᵉ

Milord biron

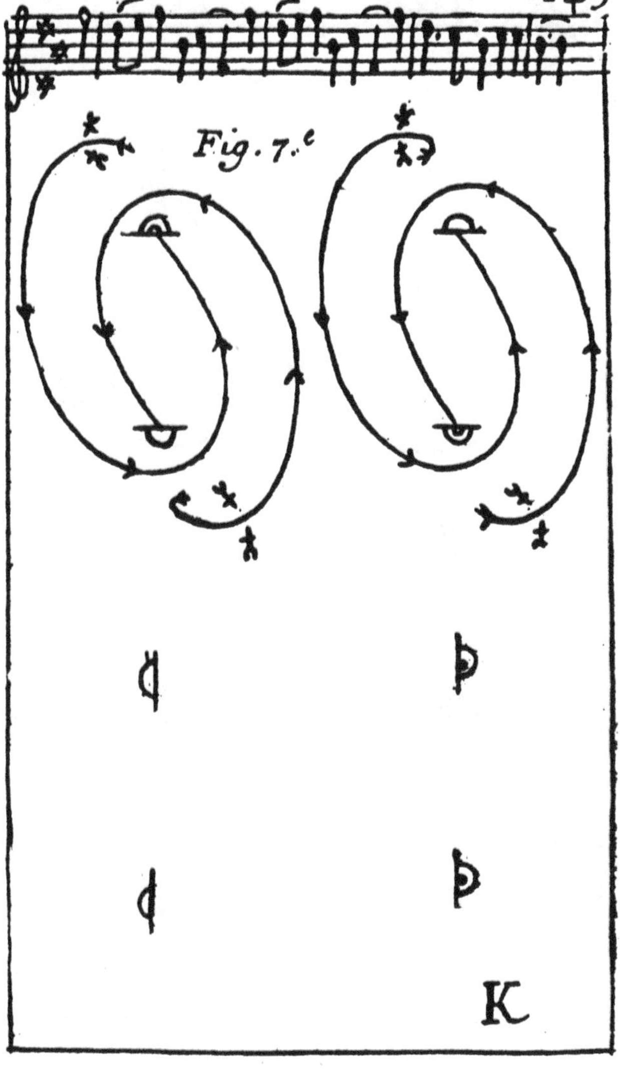

Fig. 7.ᵉ

K

milord biron

Fig. 8.

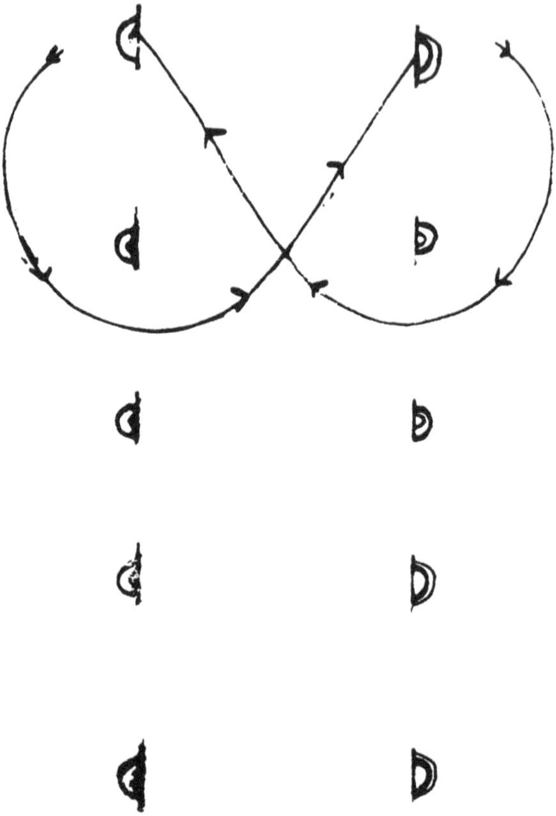

Milord biron

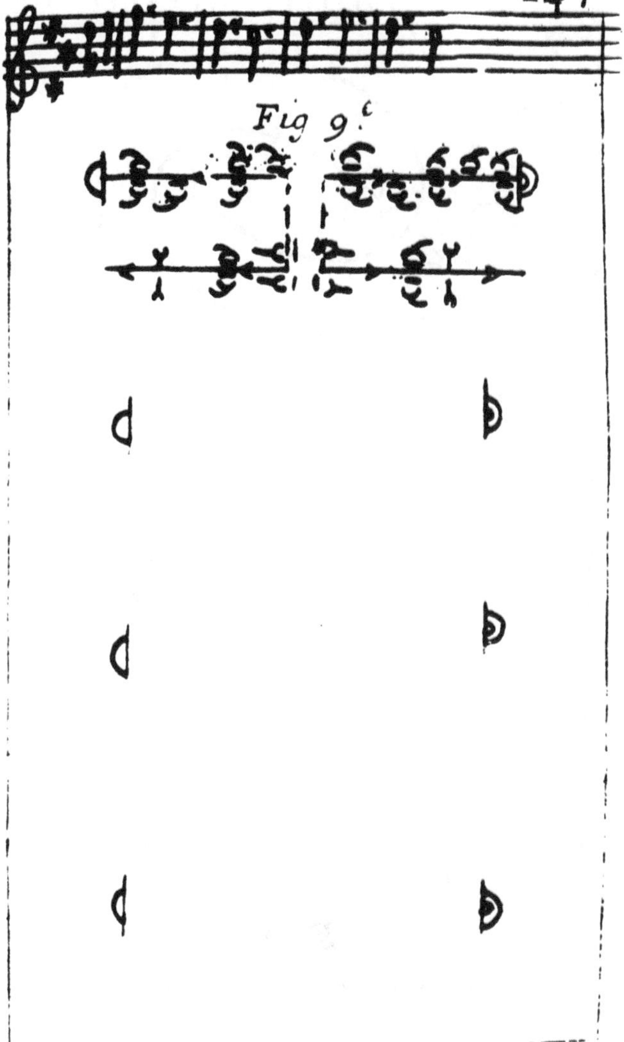

147

Fig 9.

148 Milord biron

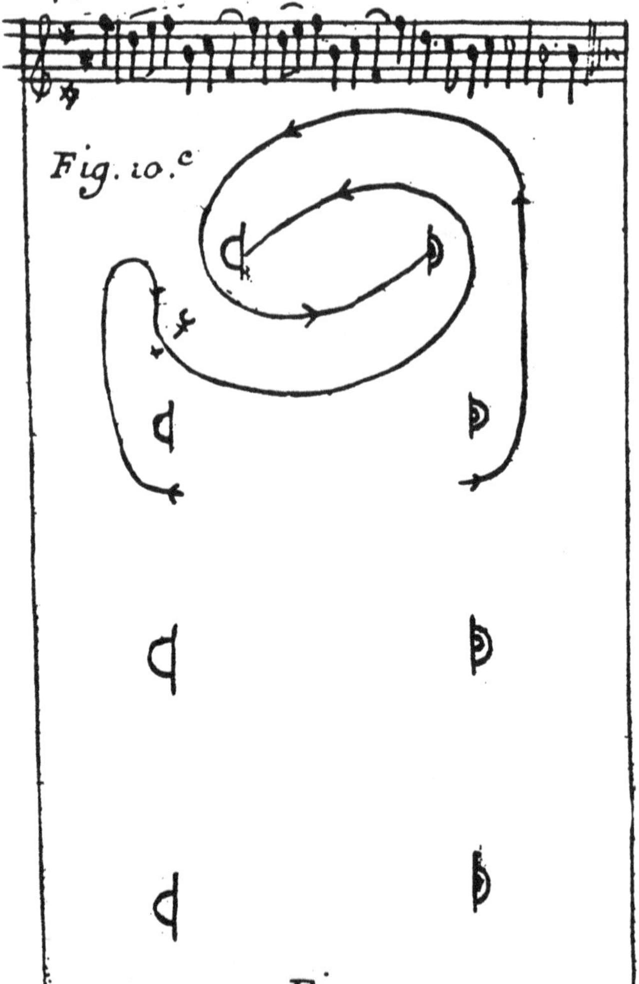

Fig. 10.ᶜ

Fin

l'Empereur dans la lune

Pag. 23   Fig. 1ᵉ

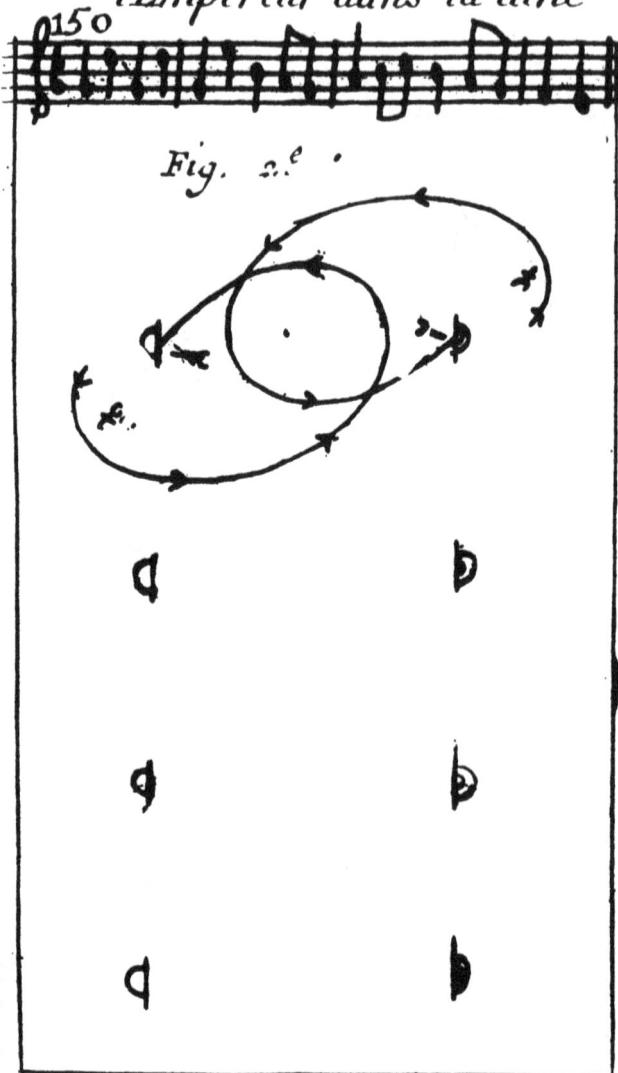

l'Empereur dans la lune

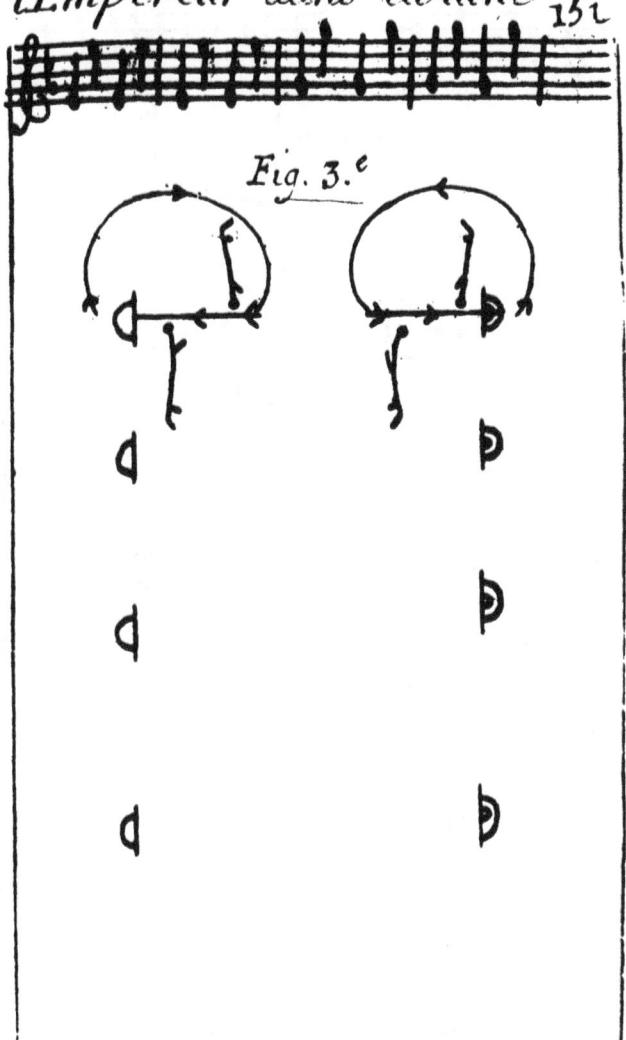

Fig. 3.ᵉ

152 l'Empereur dans la lune

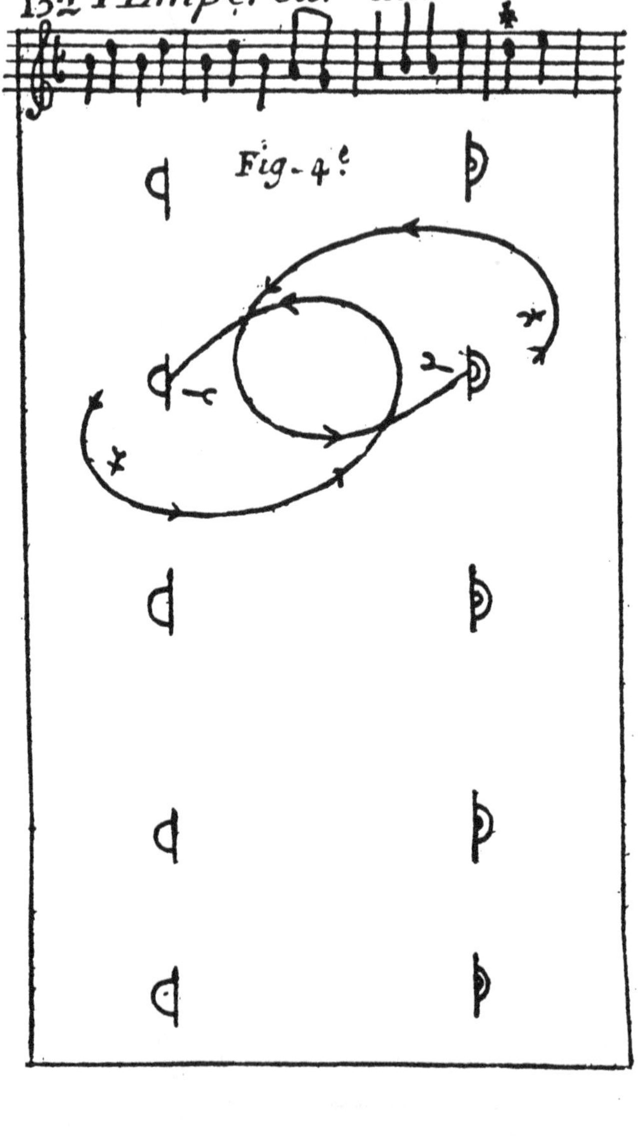

Fig. 4.

L'Empereur dans la lune

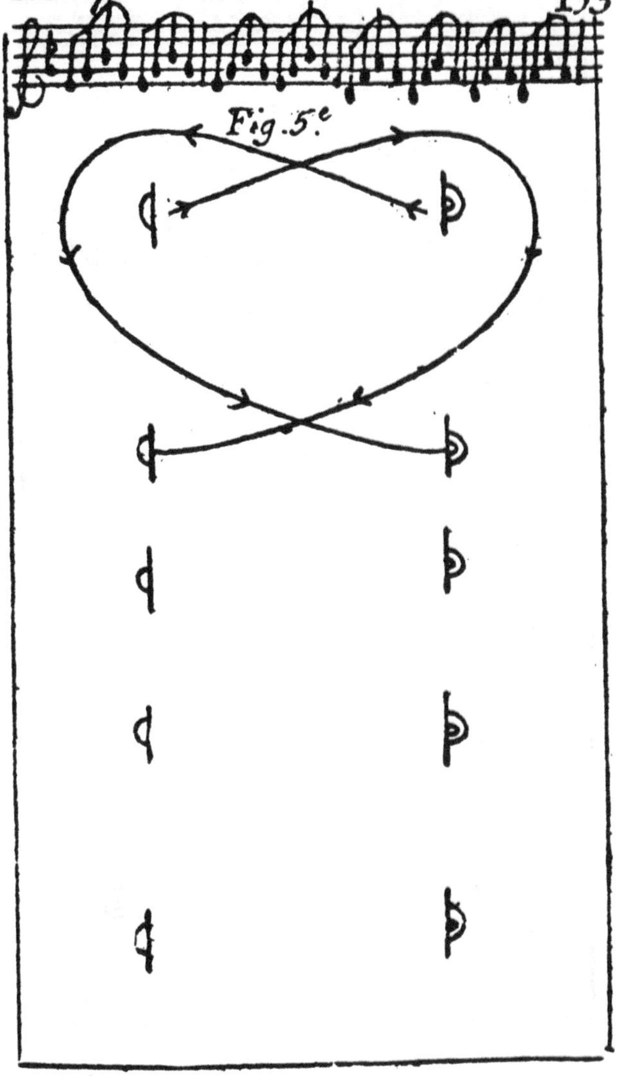

Fig. 5.ᵉ

154 l'Empereur dans la lune

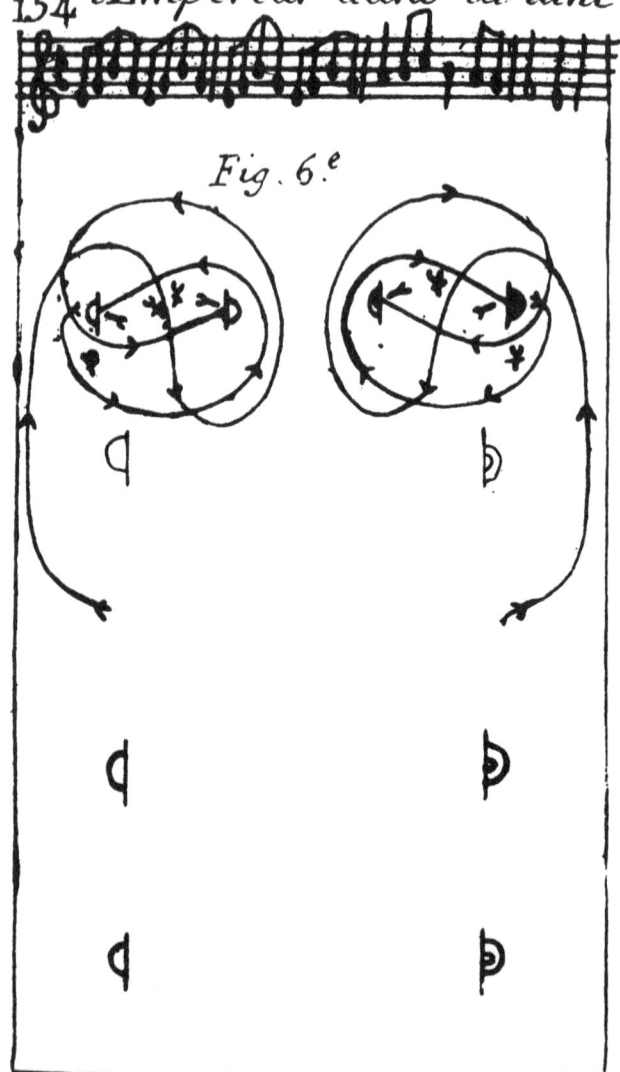

Fig. 6.ᵉ

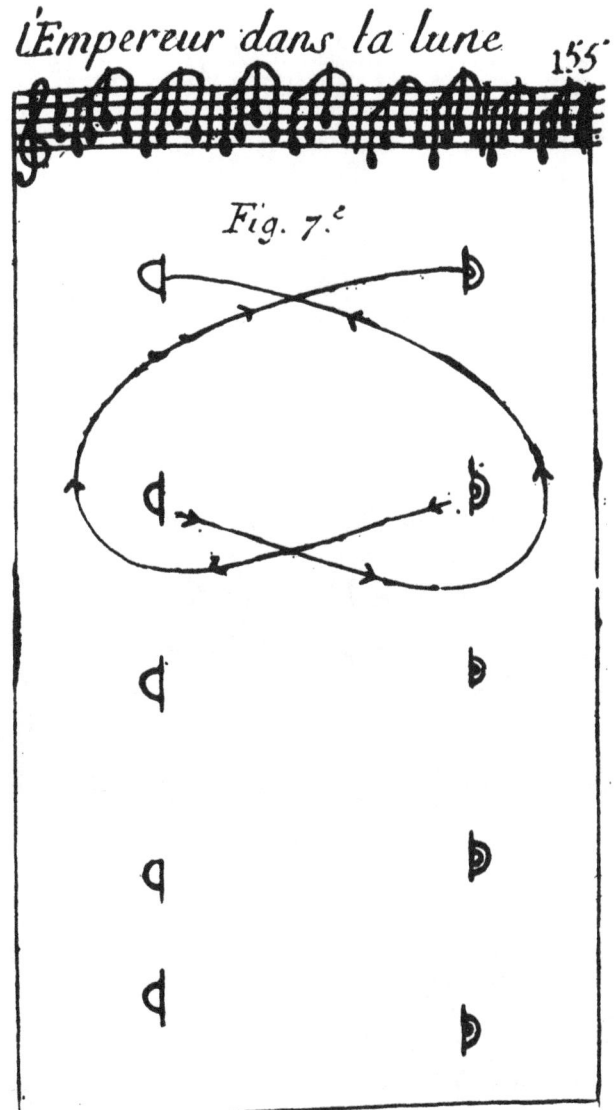

156 l'Empereur dans la lune

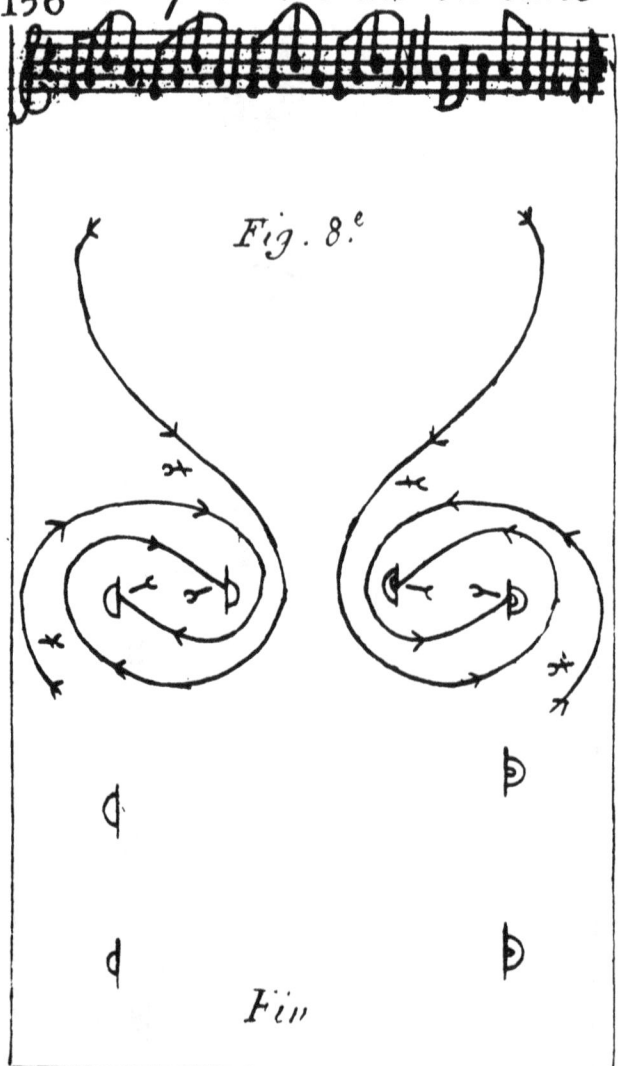

Fig. 8.e

Fin

157

les Folies d'Isac

Pag. 44 Fig. 1.ᵉ

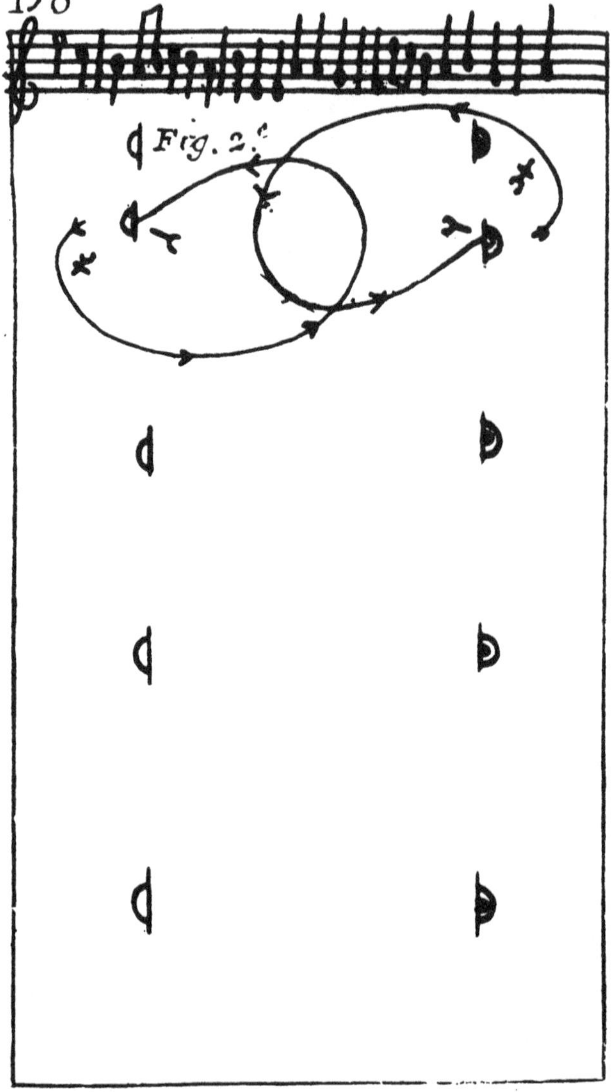

les Folies d'Isac

Fig. 2.

les Folies d'Isac. 159

Fig. 3.^e

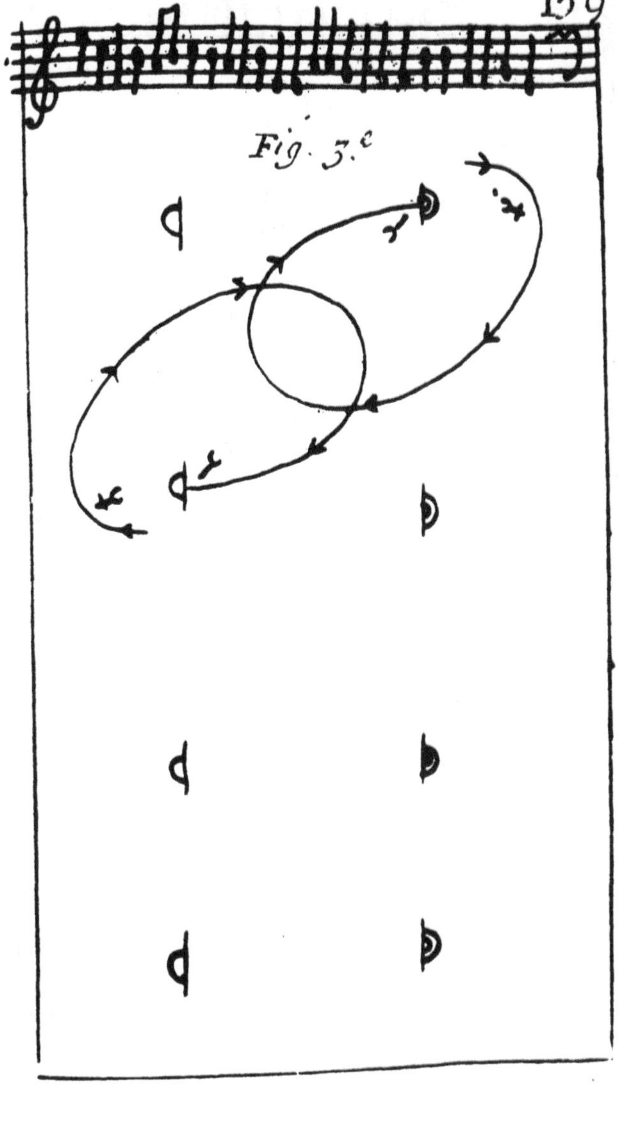

160 *les Folies d'Isac*

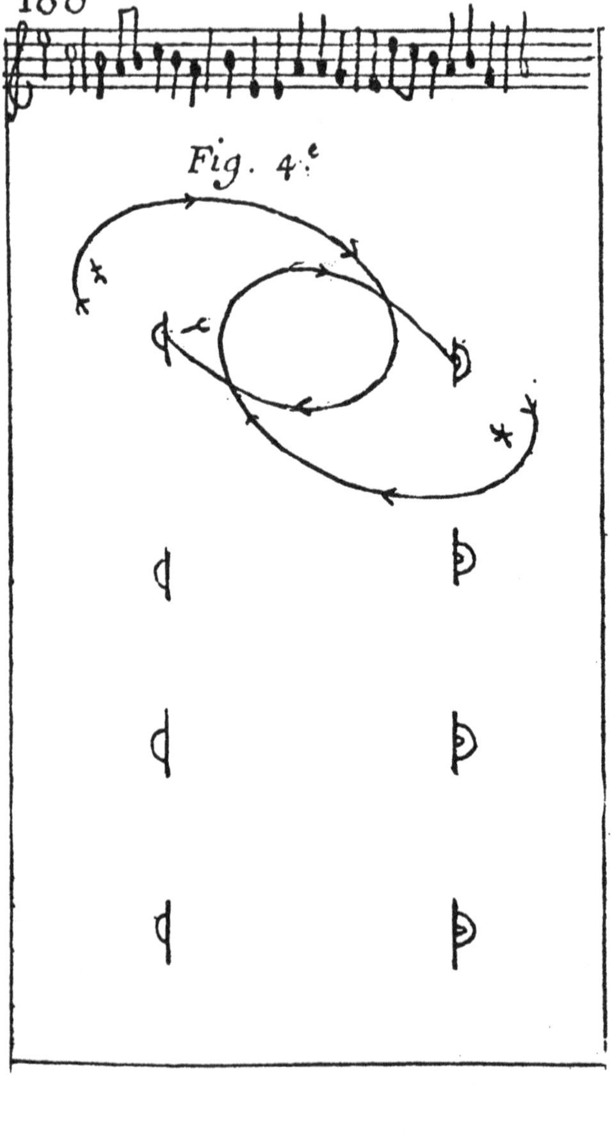

Fig. 4.ᵉ

les Folies d'Isac 161

Fig. 5.

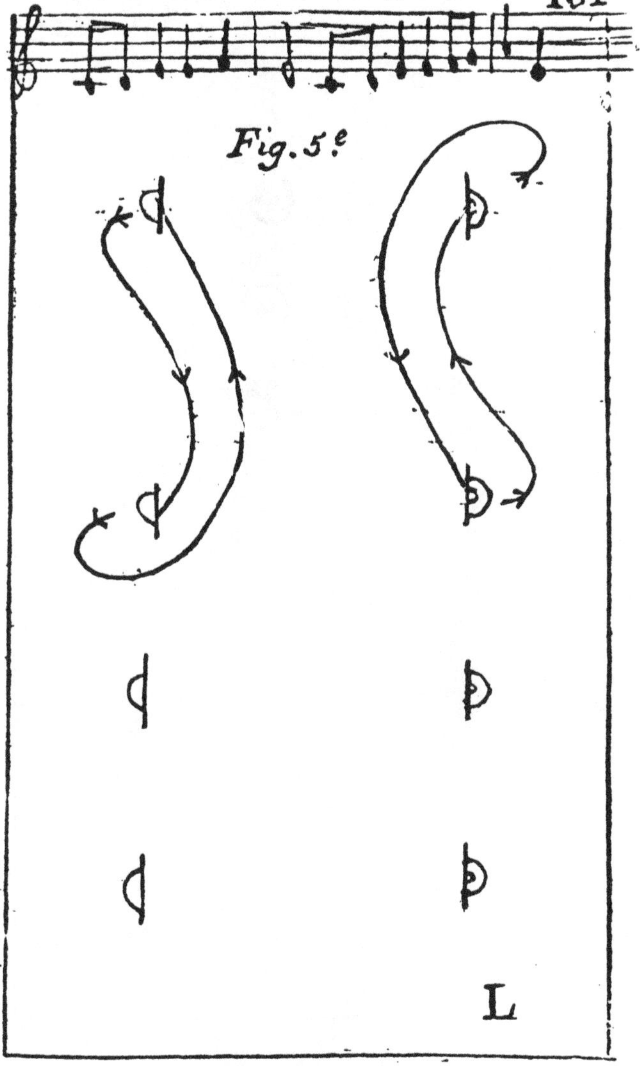

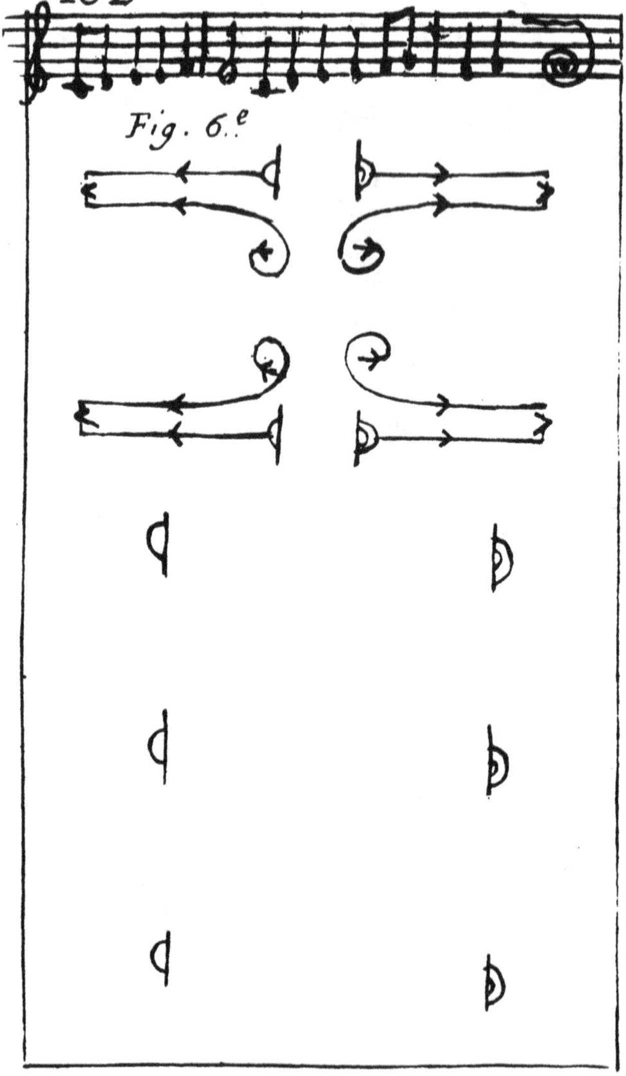

162 les Folies d'Isac

Fig. 6.ᵉ

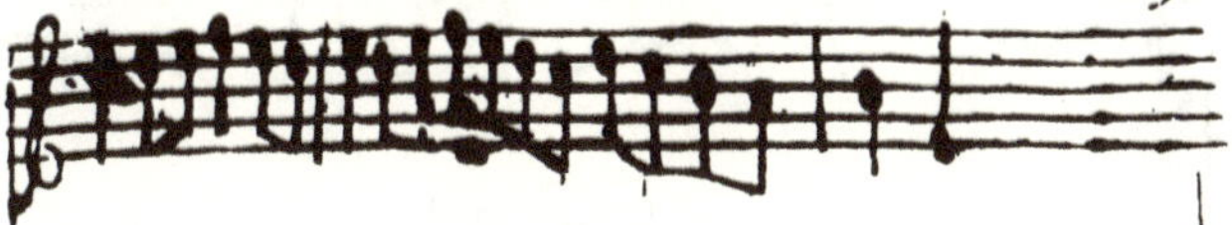

les Folies d'Isac

Fig. 7.

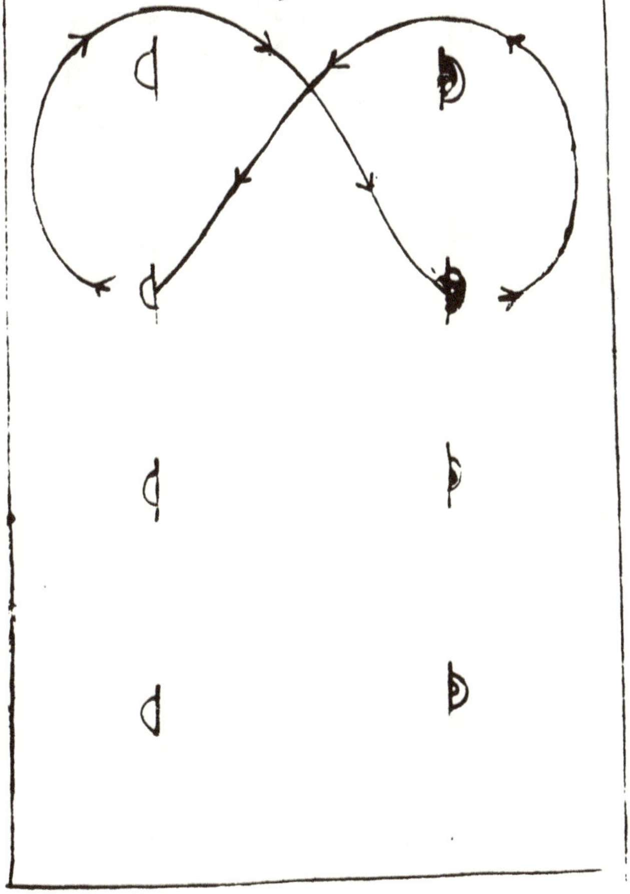

164 *les Folies d'Isac*

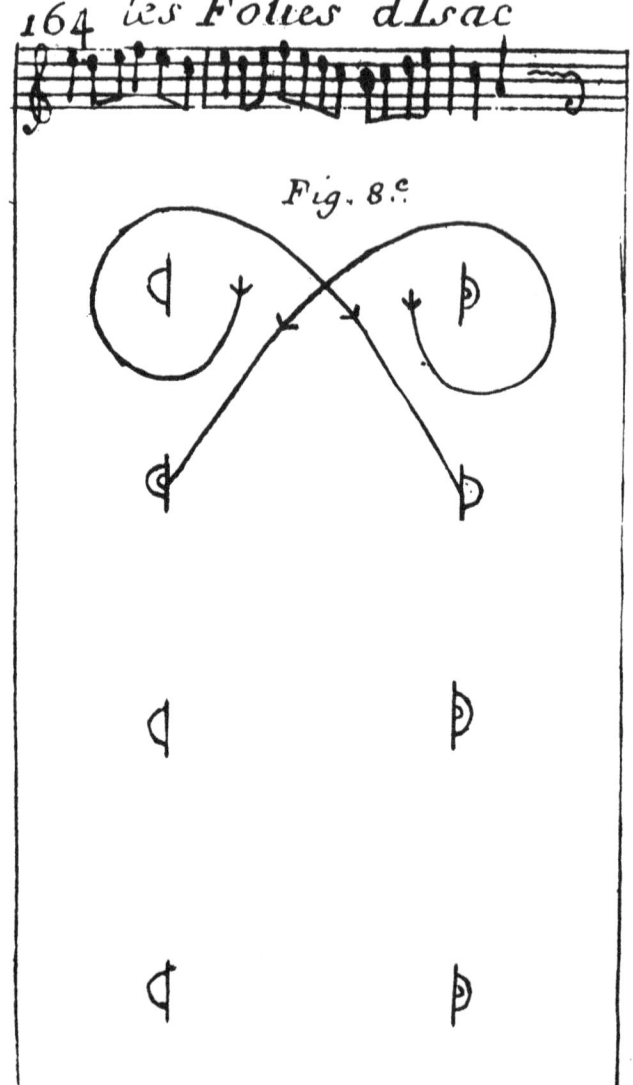

Fig. 8.ᵉ

les Folies d'Isac 165

Fig. 9.ᵉ

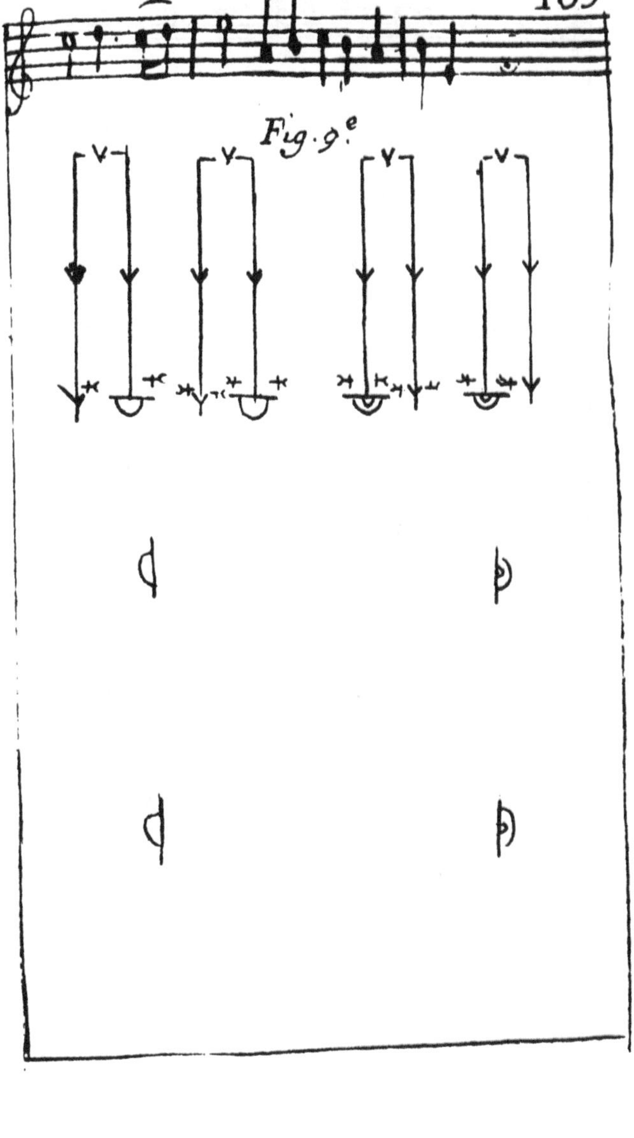

les Folies d'Isac

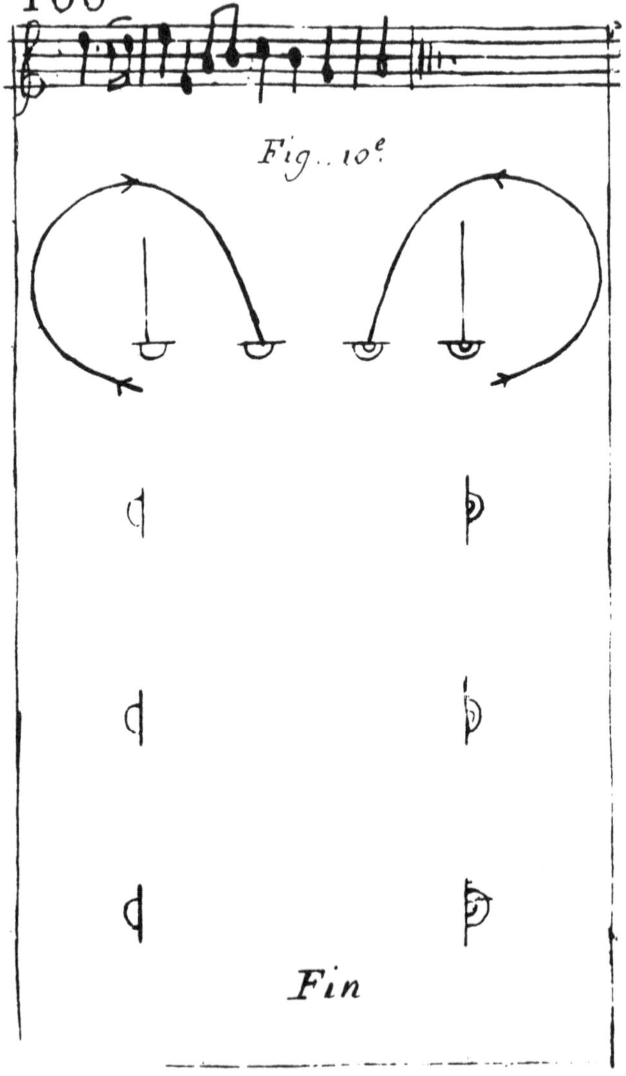

Fig. 10.e

Fin

la Triomphante

Pag. 167. Fig. 1.e

la Triomphante

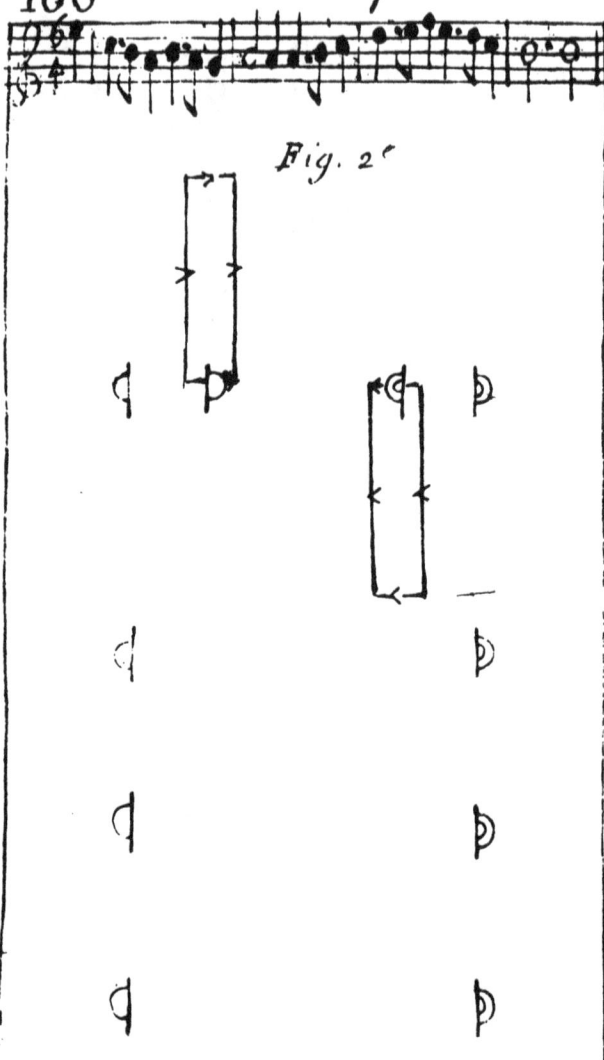

Fig. 2.

la Triomphante

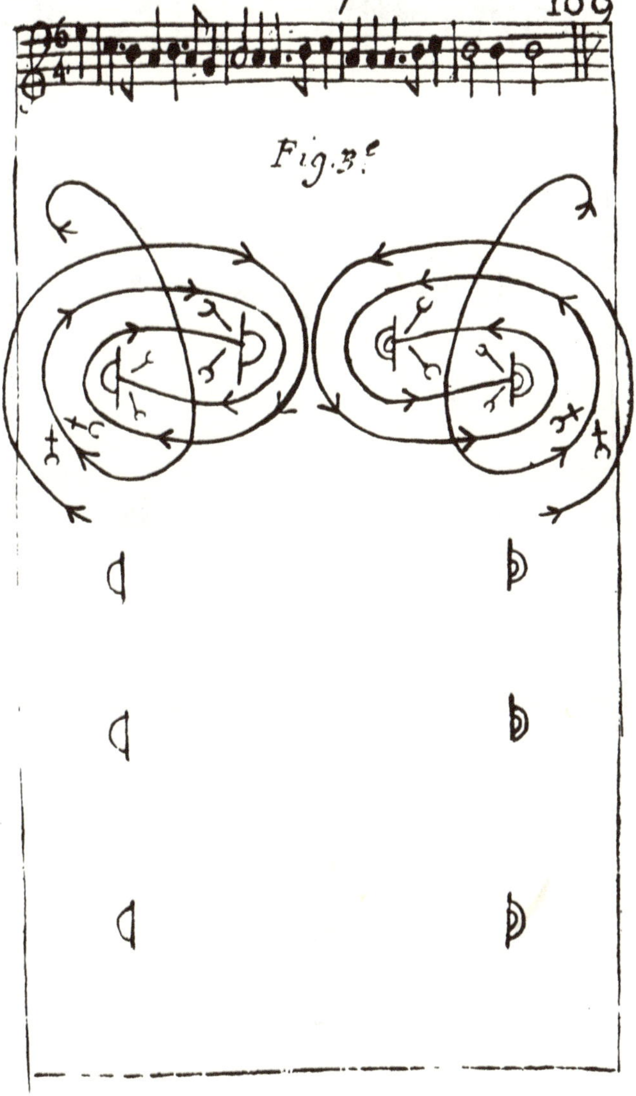

Fig. 3.

170 *la Triomphante*

Fig. 4°

la Triomphante

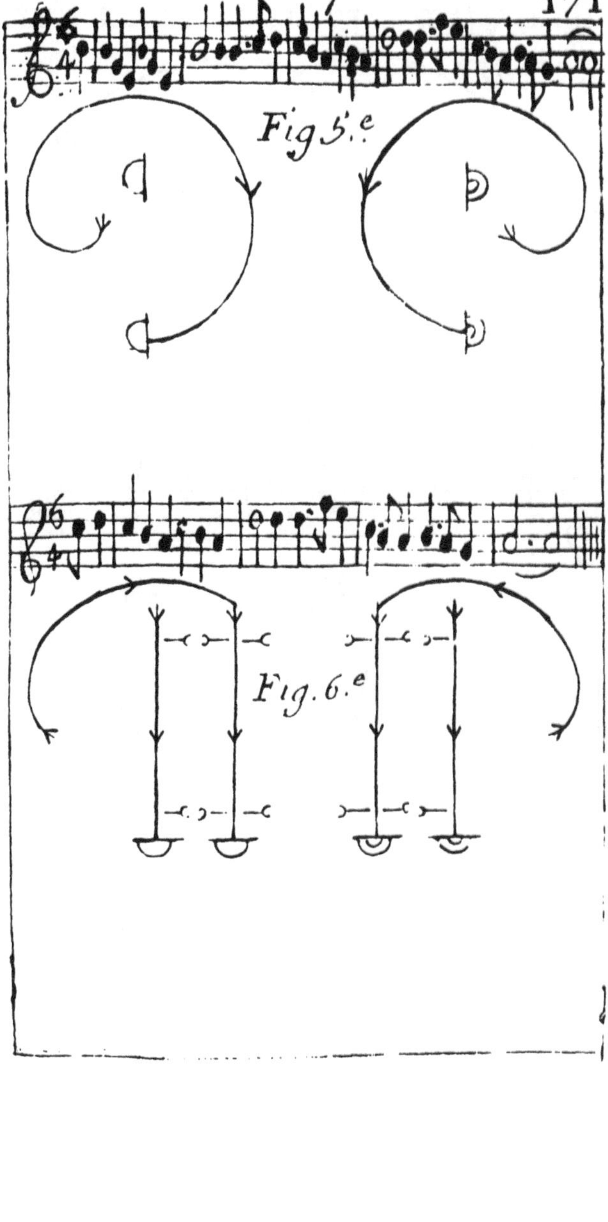

Fig 5.ᵉ

Fig. 6.ᵉ

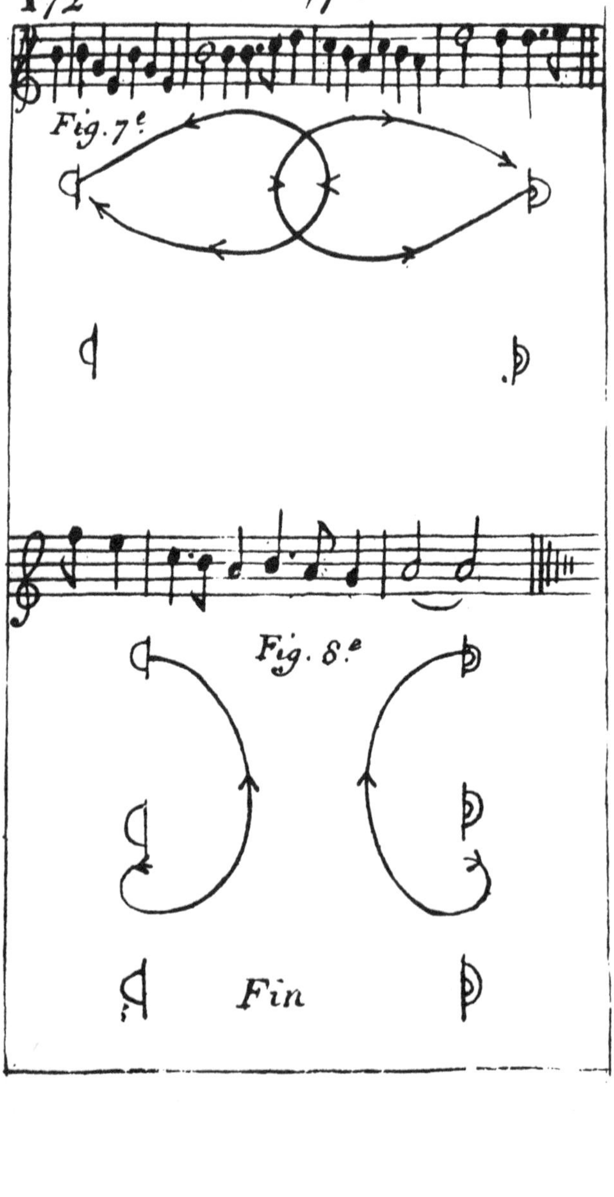

172 la Triomphante

Fig. 7.e

Fig. 8.e

Fin

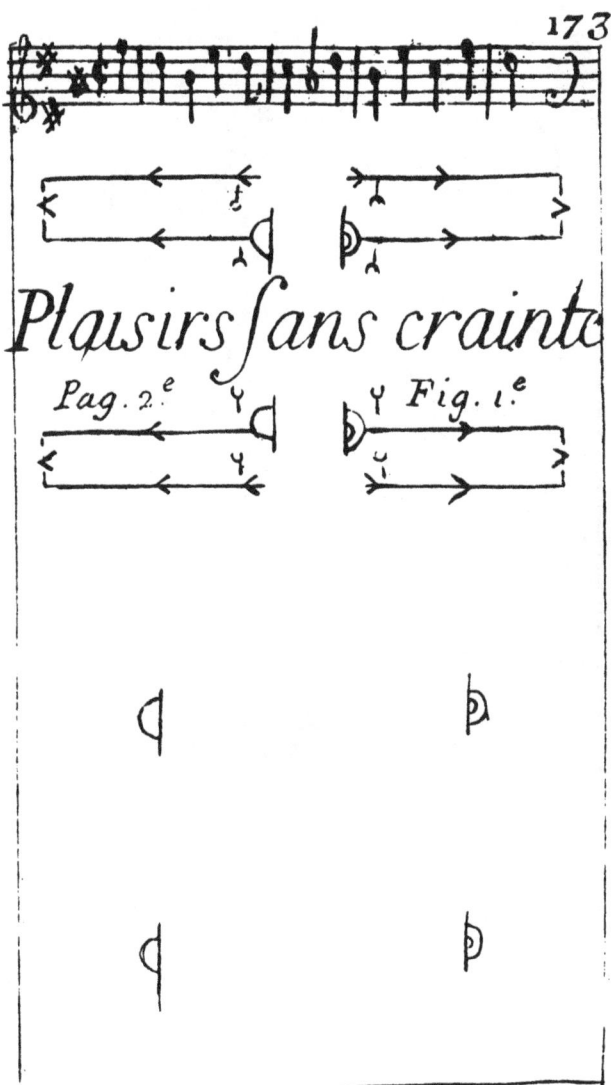

174. Plaisirs sans crainte

Fig. 2ᵉ

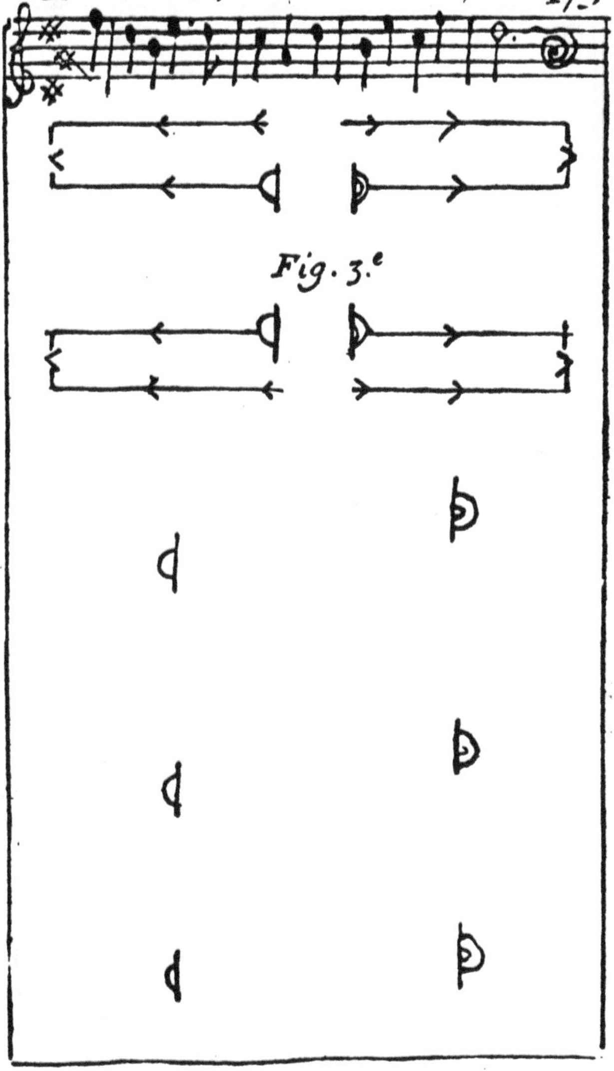

Plaisirs sans crainte 175

Fig. 3.ᵉ

176 *Plaisirs sans crainte*

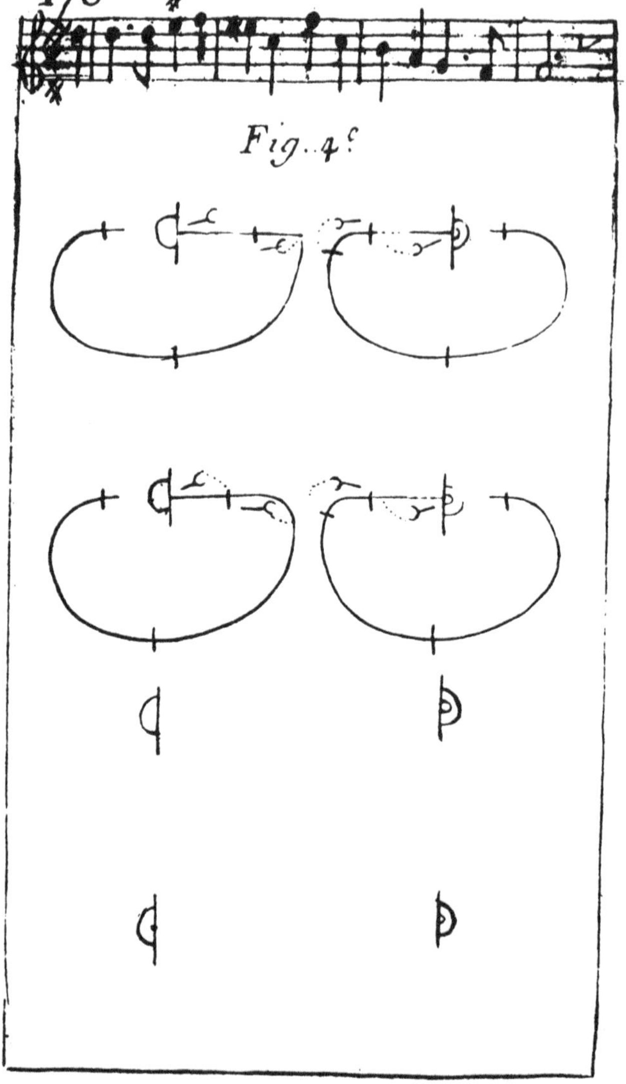

Fig. 4.

Plaisir sans crainte

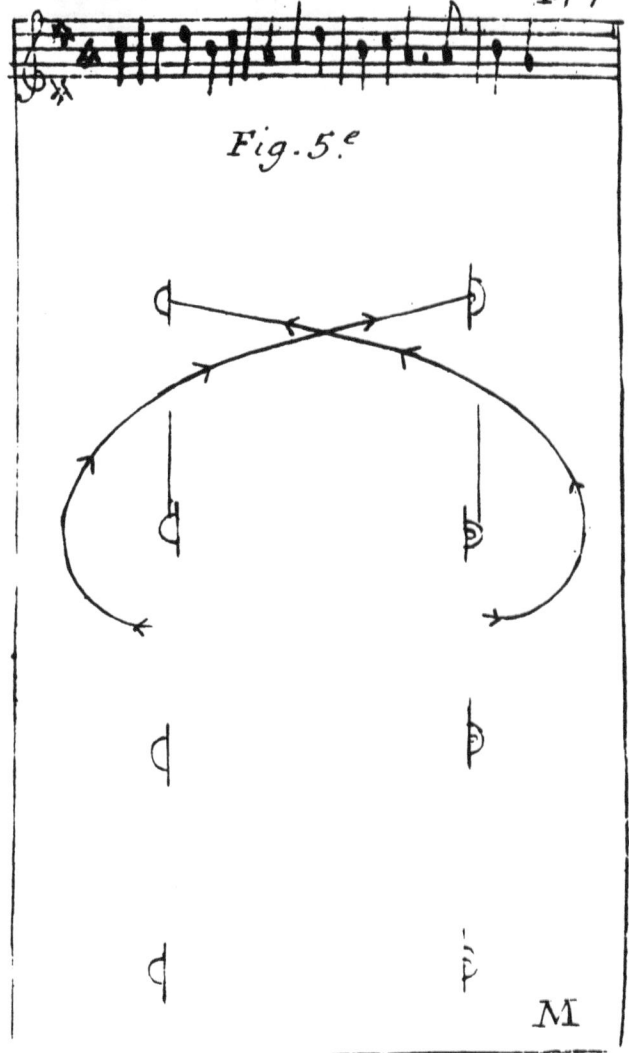

Fig. 5.ᵉ

178 Plaisir sans crainte

Fig. 65

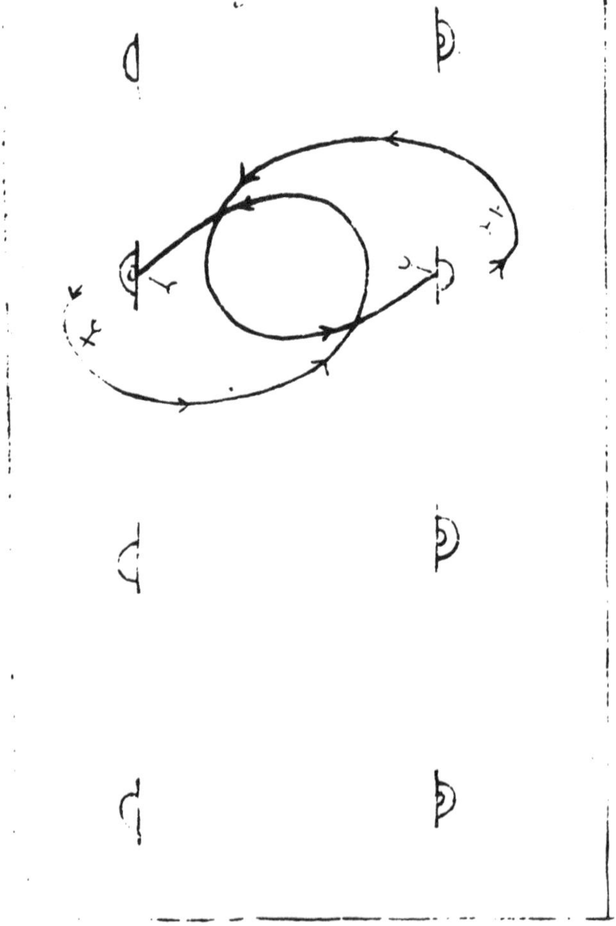

Plaisir sans crainte

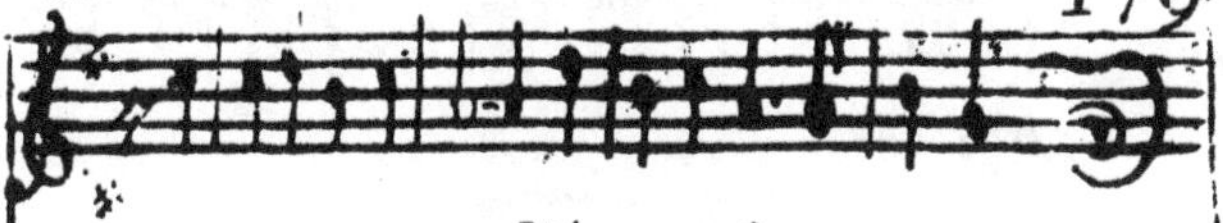

Fig. 7.

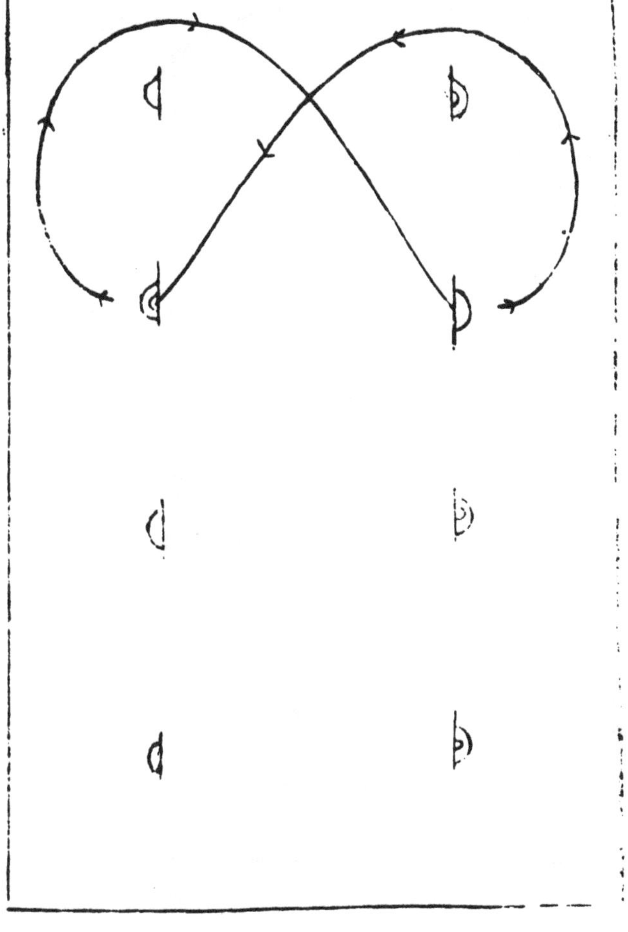

180 Plaisir sans crainte

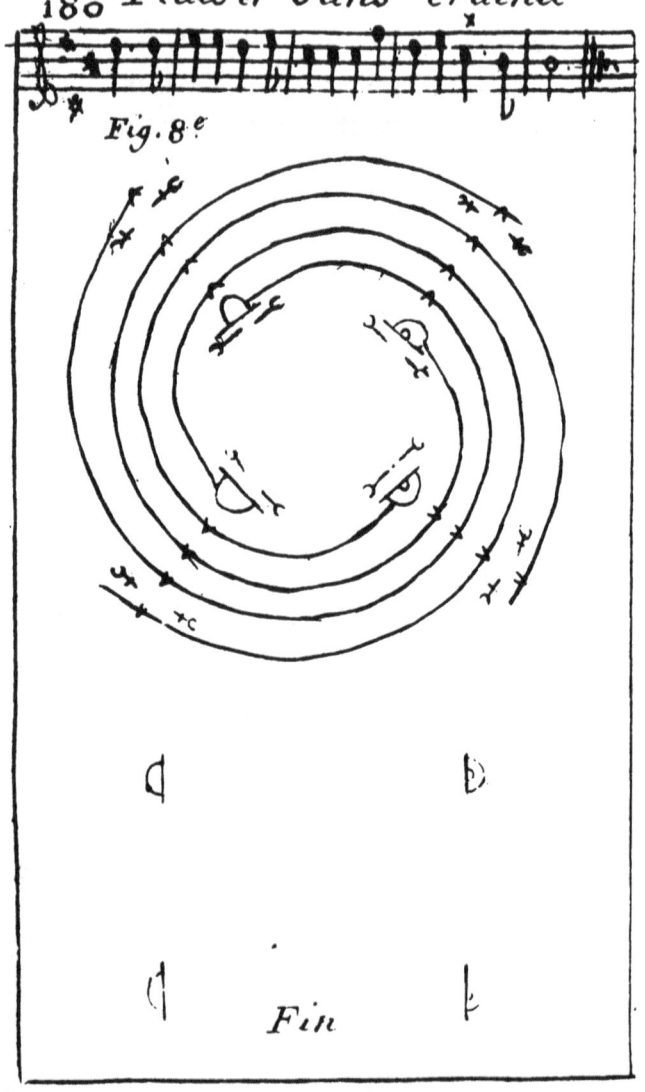

Fig. 8.^e

Fin

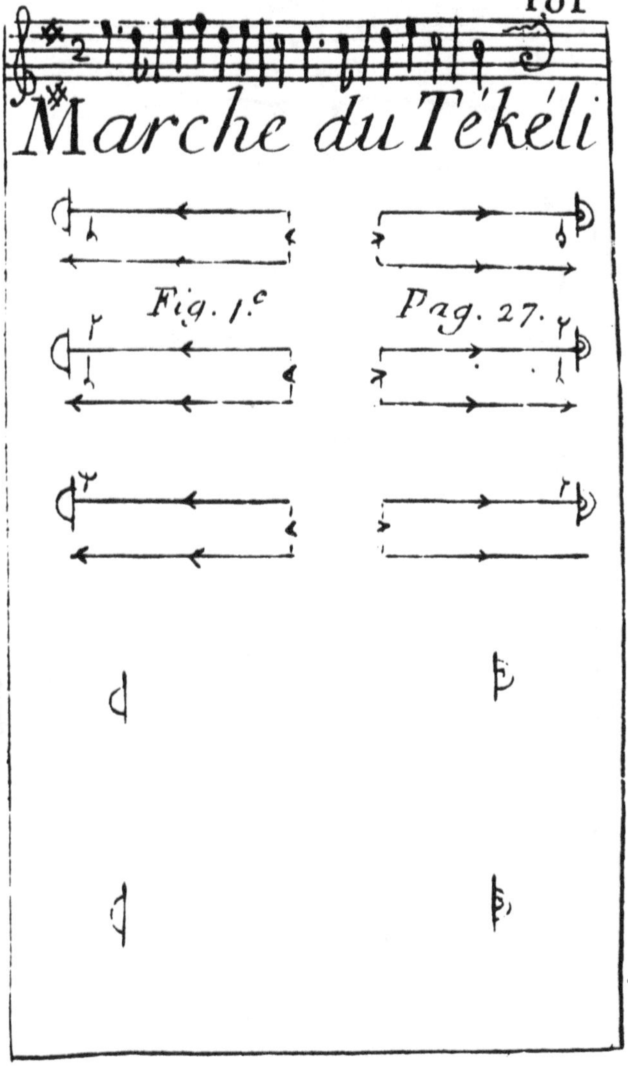

Marche du Tékéli

Fig. 1.e   *Pag. 27.*

182 Marche du Tekeli

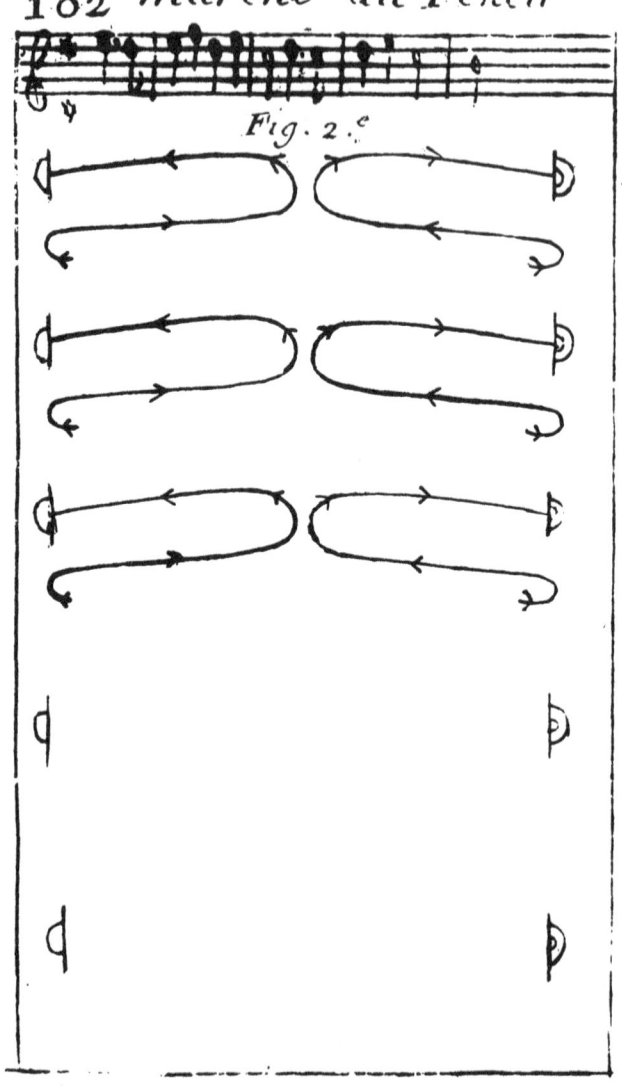

Marche du Tekeli

185

Fig. 3.ᵉ

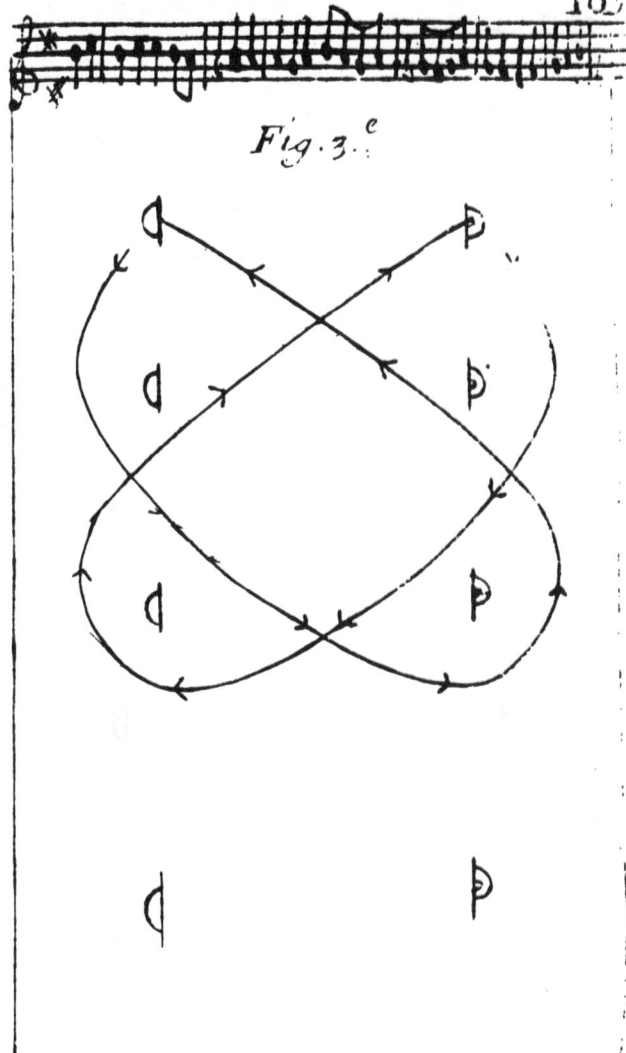

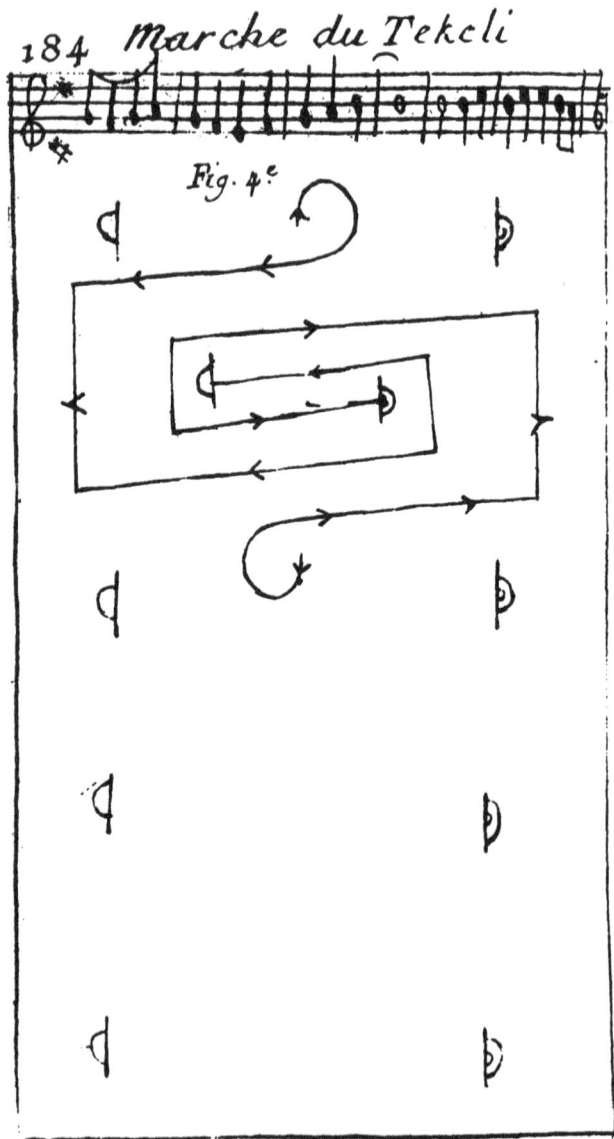

Marche du Tekeli 185

Fig. 5.^e

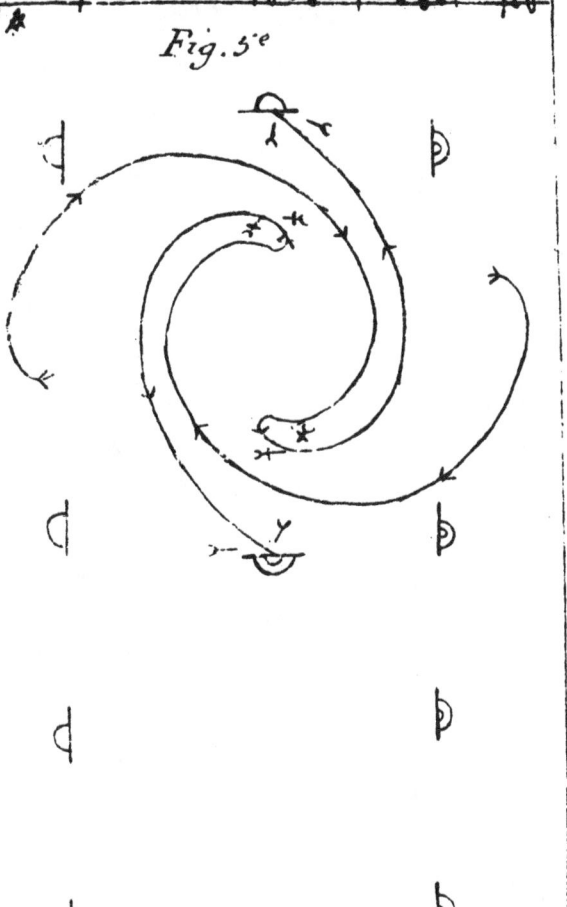

186 Marche du Tekeli

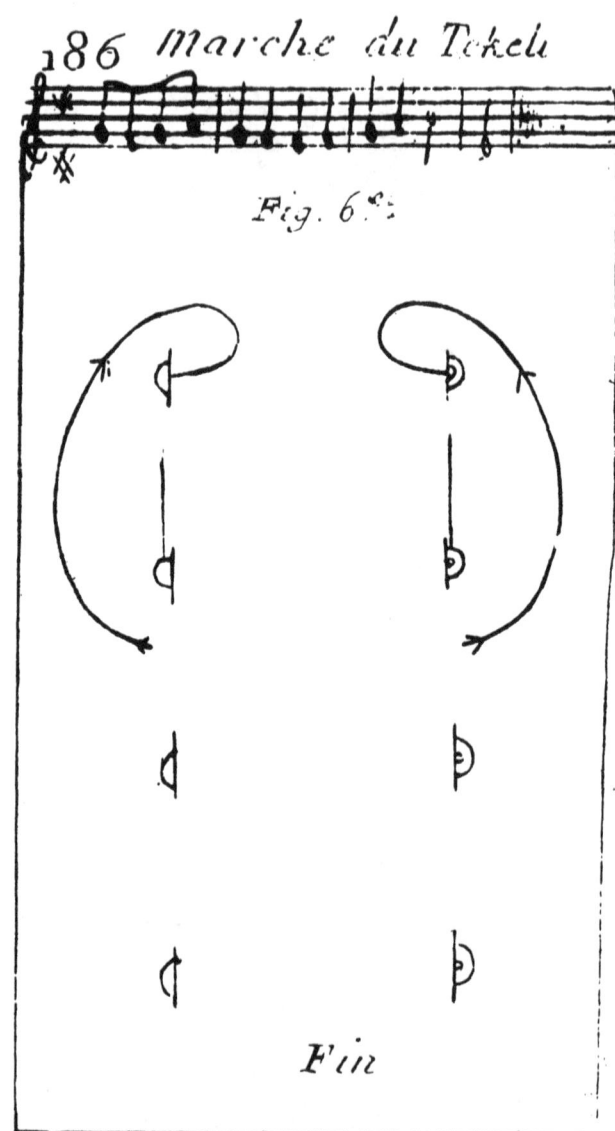

Fig. 6.

Fin

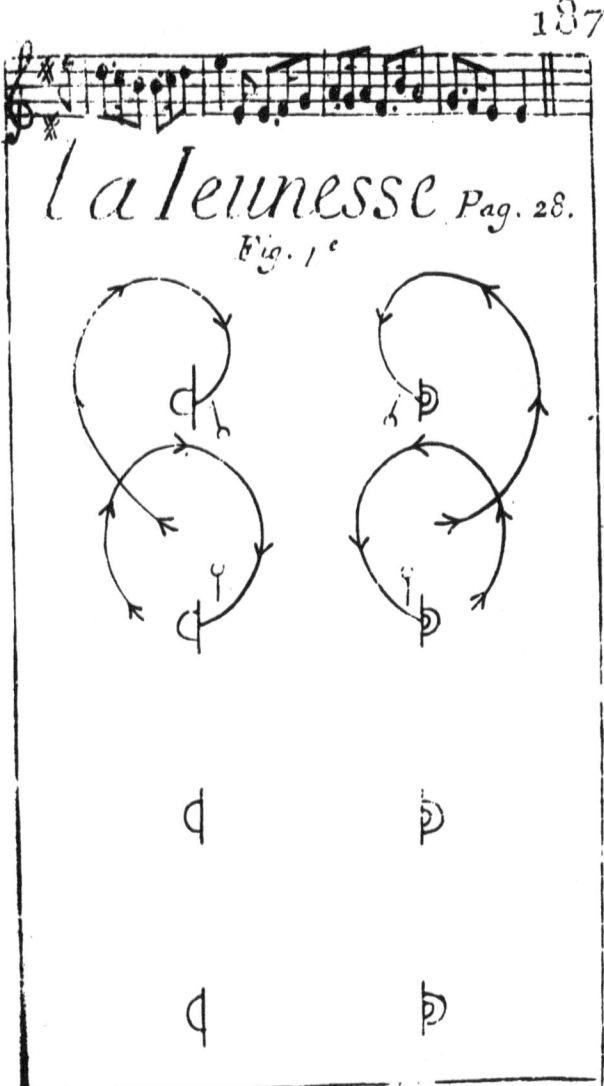

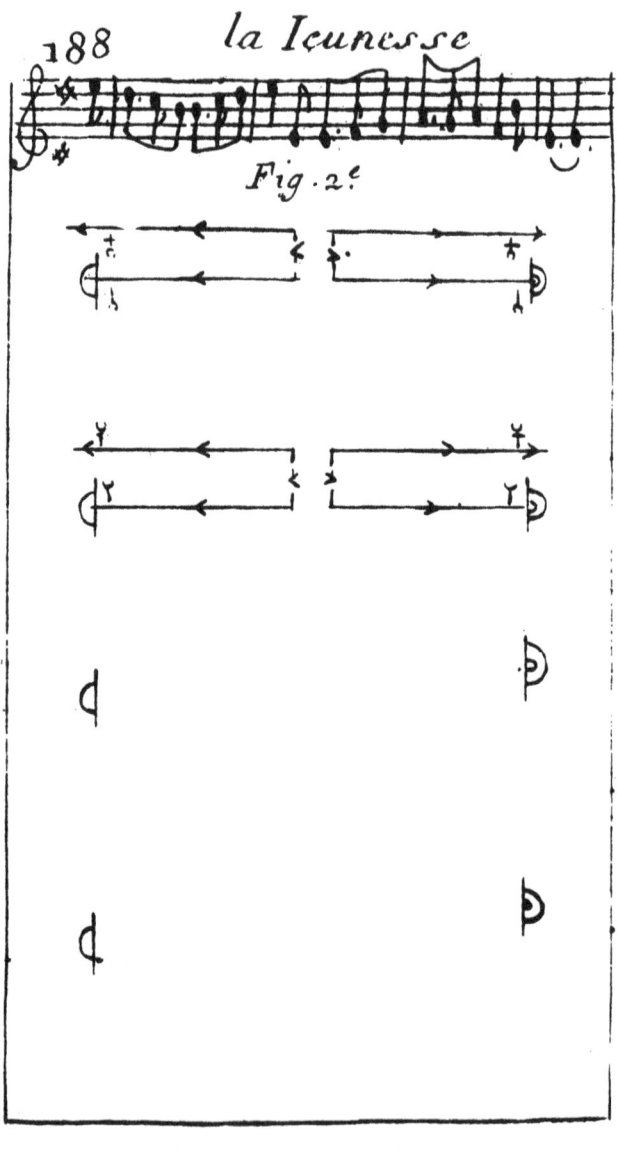

la Ieunesse

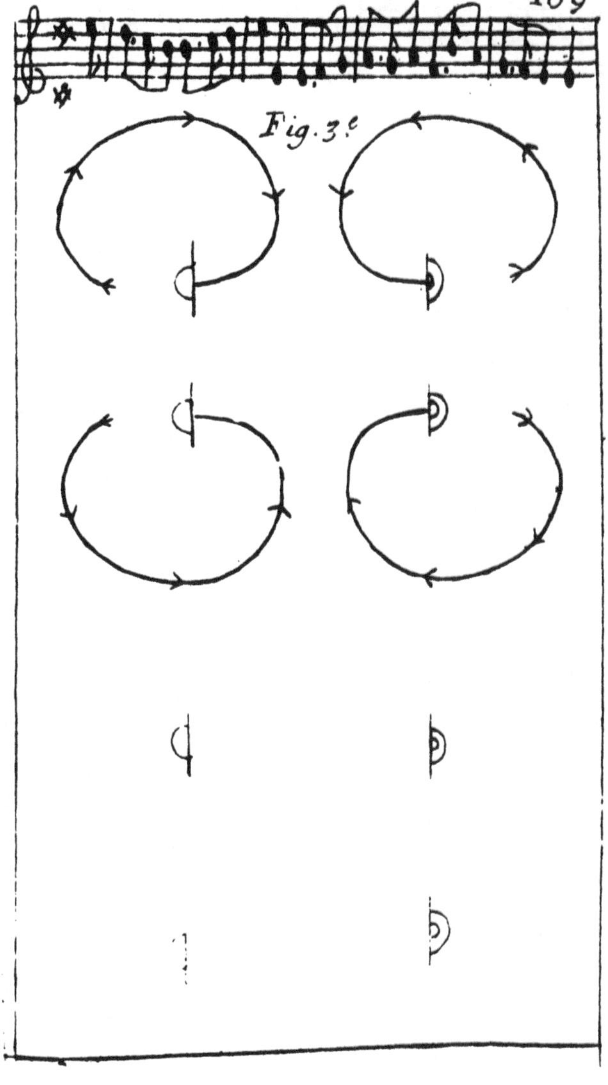

Fig. 3e

190 la Ieunesse

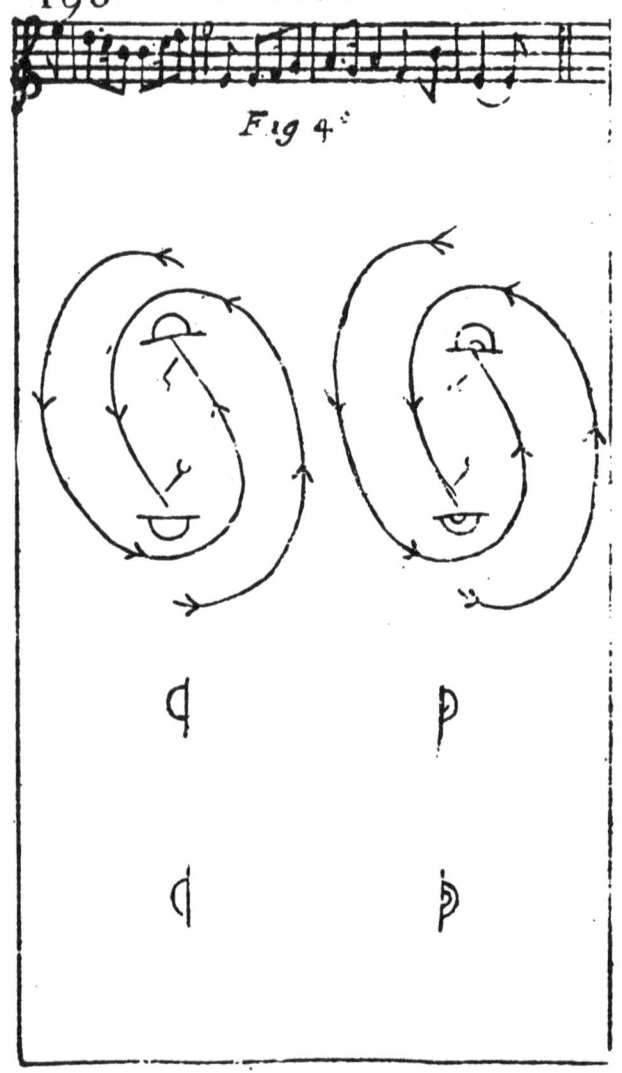

Fig 4.

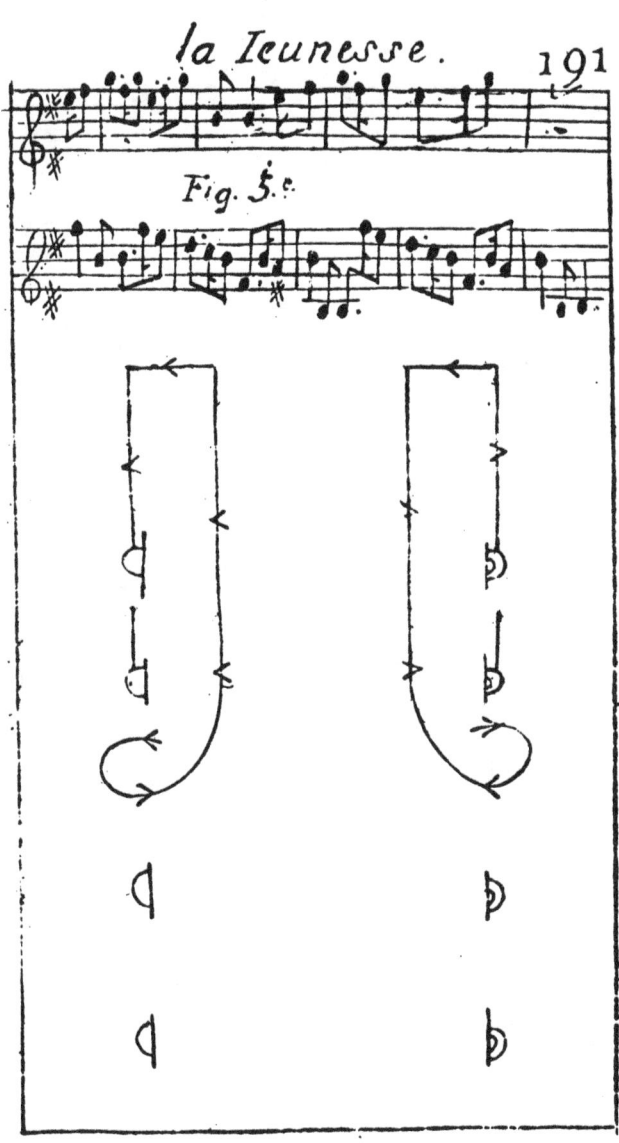

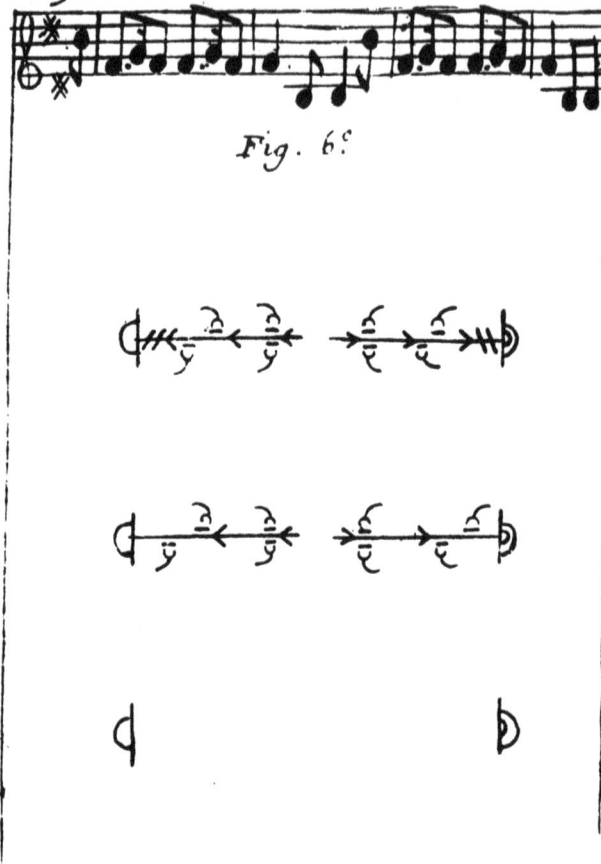

Fig. 6.

la Jeunesse Pag. 187.   193

Fig. 7.ᵉ

Fin.

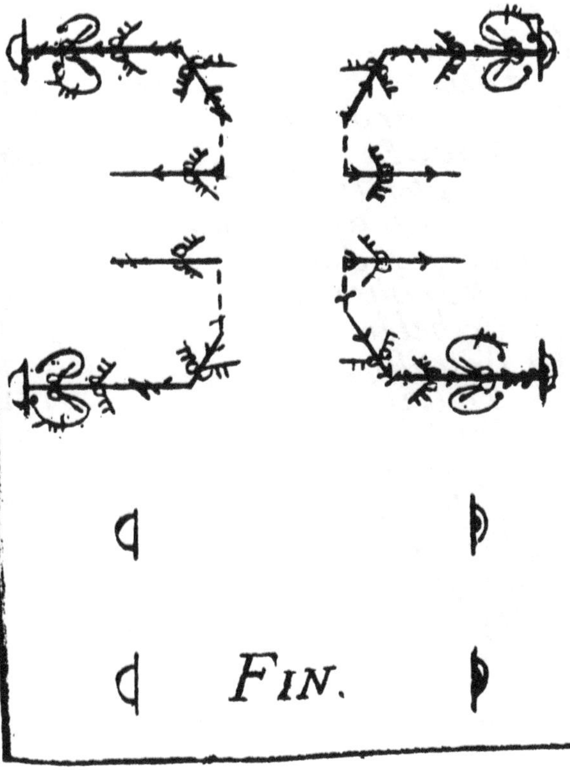

TABLE

La Folette............	Page.... 1
l'Alliance.	pag..... 9
la Petitte Ieanneton..pag.	15.
la Badine.	pag..... 21
la Charpentier......	pag. 24
la Marechal	pag..... 33
la Conty............	pag. 37
l'Argentine.	pag..... 43
Sont des Navets...	pag. 53
la Villars.	pag..... 58
Madame Robin.....	pag. 52
la Samardique.	pag...... 70
la Gigue Espagnol...	pag. 80
la Baptistine.	pag..... 88
le Rigaud d'Angleterre	Pag. 100
ha Voyés donc	pag..... 110
les Mariniers.........	pag. 113
la Cribelée.	pag..... 119
la Gentilly.........	pag. 124
la Victoire.	pag..... 131
Milord Biron.........	pag. 139
l'Emper' dans la lune.	pag.... 149
les Folies d'Isac.......	pag. 157.
la Triomphante.	pag.... 167.
Plaisirs sans crainte..	pag. 173.
Marche du Tékeli.	pap..... 181.
la Ieunesse...........	pag. 187.

Extrait du Privilége du Roy.

Par grace et Privilége de sa Majesté donné à Paris le 22 Aoust 1696. et confirmé par Arrest contradictoire du 28. Iuillet 1704. et prorogé le 29. Aoust 1705. Il est permis au S.ʳ Dezais maitre, et Compositeur de Dance de faire graver ou imprimer, vendre et debiter dans tout le Royaume toutes sortes d'ouvrage de Dance tant de sa composition, que de celles des autres Auteurs, pendant ledit tems de son privilége. Avec défenses à tous graveurs Imprimeurs et à toutes personnes de quelque qualitez et conditions quelles soient d'entreprendre d'en graver, imprimer, vendre ni débiter sans la permission exprés et par écrit dudit Sieur exposant ni de se servir d'aucuns de ses caracteres à peine de trois mil liures d'Amande la confiscation des exemplaire contrefaits et en tous les dépens dommages, et interets ainsi qu'il est porté plus au long par les dites lettres de privilége.

Ceux qui auront besoin des principes ou Dictionnaire des Contredances les trouverront dans le premier Recüeil de l'auteur

Le Public est averty d'af franchir les ports de lettres, sans cela elle ne Seront pas receüe.